JN194051

決算書 パーフェクト マスター

決算書のすべてが
この1冊でわかる

公認会計士
井口 秀昭

はじめに

　決算書に関する書籍はこれまで数多く出版されてきましたが、そのほとんどが数値で表示された決算書をベースに解説をスタートしています。私たちは、言葉で説明された場合は、その状況はまだ確定されていない修正可能なものだと受け取ることができますが、いったん数値として出されると、それは動かせない確定的なものだと考えてしまいます。決算書は数値が羅列されたものですから、その意味では修正不可能な会社の実態を正確に表現したものと受け取りがちです。

　しかし、決算書は学校で学ぶ数学のように誰が出しても同じ答えが出せる数値の羅列ではありません。決算書に掲載された数値は作成者（経営者）の「意図」の入った数値です。決算書を分析するときは、そうした経営者の意図をしっかり把握できるようにならなければなりません。そうでなければ決算書から会社の実態に迫ることはできません。

　決算書から経営者の意図を読み取るには、決算書の成り立ちから分かっていなければなりません。本書では、できあがった決算書の数値をテクニカルに説明するのではなく、決算書の数値がどのような過程を経てできあがり、そして「なぜ、そうなるのか」という会計の本質の解説に力点を置いて説明していきます。本書を読んでいただければ、決算書に提示された数値の意味や、そこに込められた会社や経営者の意図が分かるようになると確信しています。

　本書の内容は、大きく３つに分けることができます。第１章から第６章までが個別決算書の成り立ちから完成まで、第７章が連結財務諸表、第８章が決算分析になります。

　第１章から第６章は、決算書にはじめて触れる方でも理解しやすいよ

うに、決算書の成り立ちや詳しい内容を説明しています。また、実際に決算書に触れる機会が多い方にとっても、決算書の意味を再認識できる構成になっています。

　第7章は連結財務諸表です。連結財務諸表は難しいところもあるのですが、はじめて学ぶ方でも理解しやすいように、順を追って解説していますので、安心して取り組んでください。

　第8章では決算分析を取り上げています。決算分析もそれぞれの目的に応じて、分析手法を分かりやすく説明しています。

　第1章から第6章、第7章、第8章はそれぞれ独立していますので、目的に応じて、そこだけ取り出して読んでいただいても結構です。

　本書は、決算書の成り立ちから、決算分析、連結決算と決算書のほぼすべてを網羅していますので、決算書に興味のある多くの人にご満足いただける内容になっていると自負しています。

目 次

（注記）「決算書」と「財務諸表」の用語の使い方

　「決算書」と「財務諸表」は同じ意味で使われます。ただ、一般的な使われ方を見ると、個別では「決算書」、連結では「財務諸表」という例が多いようです。そこで、本書でも個別決算を説明する第1章から第6章、及び決算分析の第8章は「決算書」を、連結を扱う第7章は「財務諸表」という用語を主として使用しています。

決算書とは何か

1. 個人事業から会社組織へ

　会社は決算書を必ず作成しなければなりません。なぜ、会社は決算書の作成を義務づけられるのか。それを理解するために、会社とは何かということを知っていなければなりません。個人事業と対比することによって、会社の本質を探ってみましょう。

（1）　個人事業の限界

　何か商売を始めようとしたとき、いきなり会社を作ることはしません。会社を作るには手間もコストもかかるからです。普通の場合は、個人で事業を開始します。小規模の事業を継続して行うのであれば、個人でもさほど不都合は感じません。しかし、事業が軌道に乗るにつれ、個人での事業継続には以下のような不都合が生じてきます。

◆ 肉体的限界

　個人には肉体的限界があります。どんな頑健な人にも、必ず死が訪れます。個人で事業を行っていると、肉体としての死亡と同時に事業も終了しなければなりません。事業と個人はパラレルに成長するわけではありません。

　事業は継続することにより信用が増加し、年々発展・拡大していきます。ところが、肉体としての個人は年とともに弱っていきます。あるいは、徐々に弱っていかなくても交通事故により突然死ぬこともあります。事業には、債権者や従業員などの多くの関係者がいますから、事業としては将来性があるのに、人としての肉体的終了と共に事業まで終わってしまうのは不合理です。人としての肉体的限界と事業を分離する必要があるのです。

◆ 生活と事業の境界が不分明

　個人は事業を行う一方で、いうまでもなく人としての普通の生活があります。すると、生活と事業を明確に分離することができず、色々な不都合が生じます。

　たとえば、銀行が事業に使うためとして資金を個人に貸し出したとします。銀行は、当然事業の拡大のために使ってくれると思い融資しています。事業拡大に使ってくれれば、元利金の返済が期待できます。しかし、個人で生活もしていると、手にした資金を生活のため、たとえばテレビを買ったり、遊興費に使ったりしてしまうかもしれません。それでは銀行は融資の本来の目的を果たせず、困ってしまいます。

　逆に、事業がうまくいかずに、今度は銀行が融資金を回収しようとしたとします。融資金をトコトン回収しようとすると、事業の領域を踏み越えて、個人の生活にまで侵入してしまうかもしれません。回収する側としても、個人やその家族の生活まで侵食して回収するのは本意ではありません。個人事業では、事業と生活の境界線が分からず、人間としての最低限の生活を侵害する危険性があるのです。

◆ 規模の限界

　個人としての事業では、信頼の基礎はその人の人間性になります。人として信頼できるということはいつの時代でもビジネスの基礎であることは事実です。しかし、人の信頼性の拡大には限界があります。その人を直接知っている範囲内でしか通用しません。大規模に事業を展開しようとするとき、一個人の信頼性を超えた何らかの手段が必要となるのです。

　そこで、登場するのが会社です。

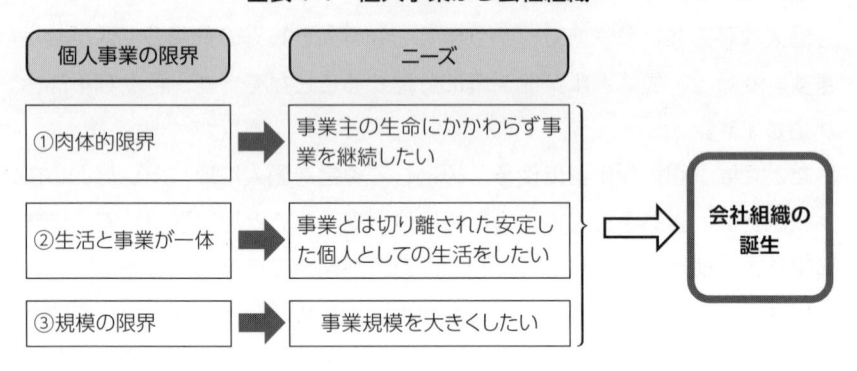

図表 1-1　個人事業から会社組織へ

（2）　会社組織の誕生

　会社とは、前項の個人事業の限界を克服するために、複数の人間が集まって作る個人とは別人格の組織です。信用の基礎をどこに置くかという観点から、会社は人的会社と物的会社に分類されます。人的会社では信用の基礎は会社に参加している人になりますが、物的会社では信用の基礎は人ではなく、会社に集積された財産になります。

◆ 人的会社

　人的会社の代表は合名会社です。合名会社は会社組織ではありますが、最終的な信用の基盤はあくまで個人ですから、個人事業の限界を完全には克服できません。

　合名会社の社員（出資者）は無限責任を負います。会社が立ち行かなくなったときには、債権者に対して無限に責任を負わなければなりませんから、個人の生活が犠牲になる危険性を抱えています。ビジネスにおいて、合名会社と取引するときには、無限責任社員が誰かということが重要です。無限責任社員は信頼できる人間なのか、そして個人財産は十分なのかということを検証する必要があります。

　また、合名会社は個人の信用がベースですから、会社を構成する社員は

誰でもいいというわけにはいきません。よく知っている人同士で集まり、会社を構成します。その意味で、事業規模の拡大にもおのずと限界が出てきます。

◆ 物的会社

　そこで、人的会社の限界を克服すべく登場するのが物的会社です。物的会社の代表は株式会社です。株式会社になると、形式的には個人の要素が完全に消去され、取引の主体は会社そのものになります。株式会社の社員（出資者）は株主ですが、株主は有限責任であり、出資額以上の責任は負いません。会社の業績が不調で、債権者に債務を弁済できなくなっても、当初出資した金額は失いますが、それ以上の責任は負いません。個人の責任と事業が完全に分離できます。出資するほうとしては責任があらかじめ限定されているのですから、おカネを出しやすくなります。

　株式会社の株主は合名会社とは違い、人格などは問いません。どんな性格の悪い人でも、気の合わない人でも、カネさえ出せば、社員（株主）になれます。その結果、株主になろうとする人に対しての人間性のチェックは不要です。原則的に、カネさえあれば誰でも株主になれるのですから、必要とあれば規模の拡大も無限に可能になります。

◆ 決算書が重要

　このように、株式会社になると個人事業の限界を完全に克服することができるようになります。その反面、会社から個人の色彩が消えてしまいますから、会社と取引をする人は、会社を構成する個人を見ていても、何の意味もありません。個人とは切り離された会社そのもの、つまり会社の財産状況だけが信用の裏付けになります。だから、会社の経済的内容を表現している決算書が重要になるのです。

　いうまでもなく、現代のビジネスの主役は株式会社ですから、ビジネスを行うためには決算書の理解が必須項目となるわけです。

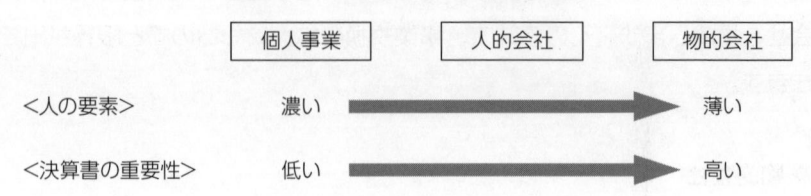

図表 1-2　人的会社から物的会社に

	個人事業	人的会社	物的会社
＜人の要素＞	濃い →→→→→→		薄い
＜決算書の重要性＞	低い →→→→→→		高い

2. 株式会社と決算書

現在のビジネスの中心は株式会社です。株式会社とは何なのか、そしてなぜ株式会社において決算書が重要になるのかを説明します。

（1）　株式会社システムの核心

◆ 資本金は株主に対して返済不要の資金

株主が会社に出資したおカネは会社では資本金となり、資本金は会社の信用力のベースになります（正確には払込資本といいますが、以下では分かりやすくするために資本金で統一します。資本金と払込資本については後述します）。株主は出資すると会社の株式を取得します。株式は、株主として会社の重要な事項を決定できる法律的地位と、会社が儲ければ配当などの分配を受け取ることができる経済的権利の2つの面を併せ持っています。

会社の信用力という点で重要なのは、資本金の性格です。株主が株式代金を会社に払い込むと、払い込んだ瞬間にそのカネは株主の手から離れ、会社のものになります。つまり、株主が会社に払い込んだ資本金は、所有権が会社に移転してしまっているので、株主は会社に資本金の返還を請求することができません。会社からすれば、いわば返済不要のもらってしまったカネなのです。

◆ 出資と融資の違い

株主からの出資金（会社から見れば資本金）が会社にとって「返済不要のもらってしまったカネ」であるということは、株式会社の本質に関わる非常に重要な点です。それを明確にするために、銀行から受ける融資（会社から見れば借入金）と比較してみましょう。

7

銀行から融資を受けても会社に資金が入ることは出資と変わりません。しかし、融資の場合のおカネの所有権はあくまで貸した銀行側にあります。銀行は資金を一時的に会社に貸しただけで、本来的所有権は手放していません。ですから、元利金を約束通りに支払わないとか、業績が不振になり将来の返済が危ぶまれそうだといった、銀行に不都合な事情が発生すれば、銀行は融資金の返済を会社に請求できます。自分が会社に出したおカネを会社に直接請求できるかどうかが、出資と融資の最大の相違点です。

　株主の出した資本金は会社にとって返済不要のもらってしまったカネですから、資本金は外部から見て会社の信用力の大きな要素になります。会社にとっては資本金が大きければ大きいほど財務の安定性が増し、外部に対する信用力が増加します。反対に借入金は返済しなければならない資金ですから、借入金が大きければ大きいほど、信用力は低下するのです。

◆ 株主は株式譲渡で資金を回収

　株主は会社に資本金の返還を請求できません。では、会社から支払を受けられない株主は会社に出資した資本金をどのように回収するのでしょうか。その回収方法が株式会社の大きな特色になります。ここで重要になるのは株式の譲渡性です。株式は原則として対価さえ払えば誰にでも譲渡できるのです。株主は出資金額の回収を払い込んだ会社に返済を要求するのではなく、会社と関係のない第三者に株式を譲渡（売却）することによって回収します。その仕組みは次のようになります。

　最初に出資した株主は、出資金額を会社に入れる代わりに株式を取得します。会社はそのカネについて誰からも返済を要求されないのですから、資金回収に長期間かかる設備投資や当面回収の見込みの立たない赤字資金などに使うことができます。一方、株主は出資金額の返済を会社に求めるのではなく、出資の対価として得た株式を会社とは違う第三者に売り、出資金額を回収します。新たに株式を買った人が今度は会社の2番目の株主になります。2番目の株主が資金を回収するためには、また誰か買って

くれる人を探し出してきて、株式を売ります。そこで、3 番目の株主が登場します。3 番目の株主が資金を回収するためには……。

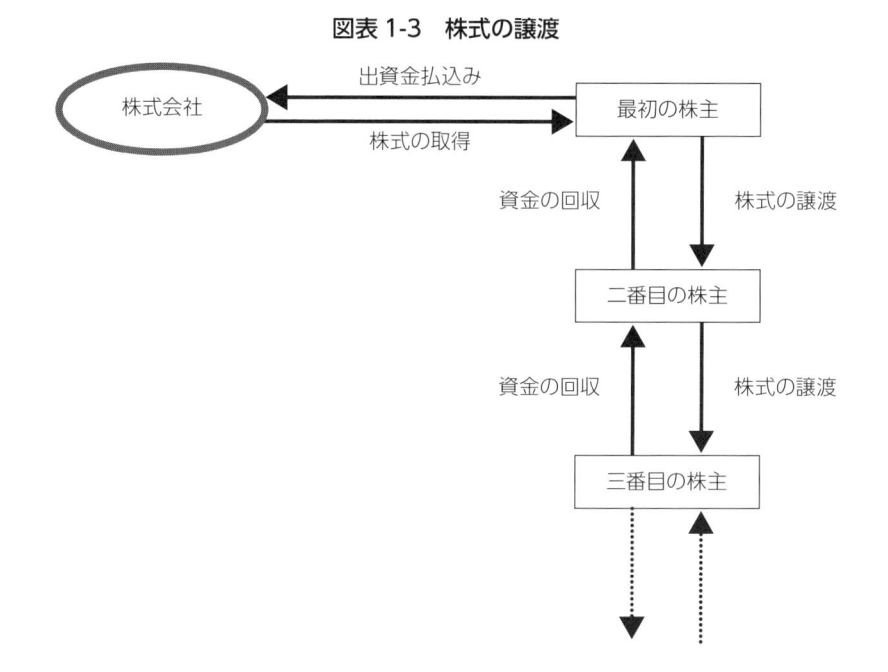

図表 1-3　株式の譲渡

◆ 誰も損しない株式会社システム

　これを永遠に続けていけば、会社の中身は何も変わることなく、株主だけが転々流通し、すべての株主は誰も損することなく、会社は最初に資本金として受け取ったカネを自分のモノにすることができるのです。普通、カネをもらえば、カネを出した人が損をするはずですが、この仕組みではカネをもらった人はいうまでもなく、出した人も損をしません。何か手品のような不思議な気分です。この考え方は学校の数学で学んだ「無限」の考え方によく似ています。無限にこの状態が続けば会社も株主も誰も損はしないのです。この株式の譲渡という仕組みが株式会社システム（資本主義システムということもできます）の中核です。

（2） 決算書の重要性

◆ 決算書で株価を判断

　この株式譲渡の仕組みのポイントは、株式を買う人を見つけてくること
と、譲渡する株式の値段をいくらに設定すればよいのかという点にありま
す。この2つは別々のようでいて、実はつながりあっています。買った
値段より高く売ることができると思えば、買う人は見つかるからです。そ
の意味で、株式の売買代金が重要です。

　株式の売買も他のモノの売買と同様に、売り手と買い手の双方が納得す
れば成立します。株式は会社の法律的・経済的権利を表象したものですか
ら、株式の売買は会社そのものの売買といえます。よい会社であれば、買
い手は多くなり、株式の値段（株価）は高くなりますし、逆に悪い会社の
株価は低くなります。会社の内容がよいか悪いかを判断する最大の材料が
決算書です。だから、株式会社においては決算書が非常に重要な意味を持
つのです。

◆ 決算書で将来性を予測

　先ほどの無限の話に戻りますが、会社が永遠に成長し続ければ、株価も
永遠に高くなりますから、誰も損はしません。しかし、会社の業績が悪化
し、株価が低くなれば、株式を買ったことにより損する場合が出てきます。
最悪の場合、会社が破綻してしまえば、株式は紙くずになり、株式価値は
ありません。そのときの損はその時点で株式を保有していた人が被ります。
株主は株価が上昇すれば得をしますが、下落すれば損をします。株主はそ
のリスクを踏まえた上で、株式を取得しなければなりません。したがって、
株式を買う人は決算書から会社の現状を分析して、将来会社がどうなるか
を予測する必要があるのです。

3.　上場会社と非上場会社の違い

　上述したように、株式を譲渡できることが株式会社の大きな特色です。その譲渡方法の違いにより会社は大きく 2 つに分けられます。1 つは株式の売り手と買い手が相対で売買する非上場会社であり、もう 1 つは株式を取引所に上場してマーケットで売買する上場会社です。

◆ 非上場会社の相対譲渡

　後で述べるように、上場会社には厳格な審査がありますから、ほとんどの会社は非上場会社になります。したがって、非上場会社の株式譲渡は相対で行います。相対譲渡とは株式を売りたい人と買いたい人が市場を介在させずに直接売買するものです。売りたい人と買いたい人が直接交渉するのですから、分かりやすく、譲渡もやりやすいのではないかと思われるかもしれませんが、そう簡単ではありません。

　まず、株式を売りたいと思ったら、買いたい人を見つけてこなければなりません。非上場の会社ですから、万人がその会社を知っているわけではありません。会社を知っている人は従来からの株主や取引先、従業員などに限定されます。また、会社の株式を購入するということは、銀行に預金をするのとは違い、元本を失うかもしれないリスクの高い行為ですから、買いたいと思う人なら誰でもいいというわけにはいきません。相応に資金力があり、リスクを負っても会社に投資したいという意欲のある人でなくてはなりません。

　また、たとえ株式購入希望者が見つかったとしても、今度は値段で折り合いをつけられるかどうかも難題です。株式には公定価格があるわけではありません。買い手はできるだけ安く買おうとし、売り手はできるだけ高く売ろうとします。1 対 1 の交渉で、双方で納得できる妥結点を見つけるのは容易ではありません。

このように相対で株式譲渡を実現することはかなり難しい作業になりますから、非上場会社の株式譲渡はそれほど多くはありません。したがって、多くの人から大量に資金を集め、大規模に事業運営することを希望する会社にとっては、非上場会社でいることは成長の妨げになります。

◆ 上場会社の市場譲渡

そこで、登場するのが市場譲渡です。市場譲渡では株式を売買する市場として証券取引所が設けられます。

証券取引所では多くの会社の株式が上場され、株式売買が行われます。株式を買いたいと思う人は上場されている銘柄の中で自分が気に入った会社の株式を最も安く提供してくれる人から購入し、株式を売りたいと思う人は最も高く買ってくれる人に売却します。証券取引所にはたくさんの購入希望者と売却希望者が集まっていますから、株式売買が容易に成立するのです。

証券取引所ではおカネさえあれば、誰でも株式を買うことができます。証券取引所は国民すべてが参加することができる国家が認めた公の市場です。そこで取引される商品（＝株式）が欠陥商品だと、多くの人に迷惑がかかってしまいます。そのため、証券取引所に上場できる株式は厳重な審査により選別されていて、一般大衆が取引に参加しても大丈夫だろうという会社の株式に限定されているのです。その結果、上場会社は信用力が高いとされます。

無論、すべての上場会社がいい会社で、非上場会社は悪い会社だというわけではありません。上場会社にも倒産する会社はありますし、非上場会社にも上場会社をしのぐ優良会社も多くあります。ただ、上場会社は一般の人が取引に参加できるのですから、経営状態がガラス張りになっていておかしなことはできません。東芝やスルガ銀行のような不祥事があると社会から厳しく糾弾されます。

上場すれば、会社の知名度が上がり、大規模な資金調達も可能になります。だから、多くの会社は「株式の上場」を会社の目標に掲げます。ただ、上場

会社はいいことばかりではありません。以下のようなデメリットもあります。

上場会社は社会的に相応の会社だと認定された会社ですから、それに見合う組織体制の整備や会計監査人の設置などでかなりのコスト負担が発生します。コストばかりではなく、何より大きな問題は会社が乗っ取られる危険性が生じることです。株式市場はカネさえあれば誰でも参加できる市場なのですから、経営者の経営手法がまずく会社の業績が悪化し株価が低迷すれば、株式買収の危険にさらされます。したがって、上場会社の経営者は会社の持っている能力をフルに発揮して常に会社の業績をアップさせ株価を高く維持し続けなければなりません。不特定多数の投資家の期待に応え続けなければならない上場会社の経営者にかかるプレッシャーは並大抵ではありません。

◆ 株価の判断材料は決算書

上場会社も非上場会社も、株価は最終的には会社の業績に左右されます。会社の業績を表示したものが決算書ですから、決算書が重要になります。決算書を分析することが、株式売買の重要な第一歩であることは上場会社でも非上場会社でも変わりません。

図表 1-4 相対譲渡と市場譲渡

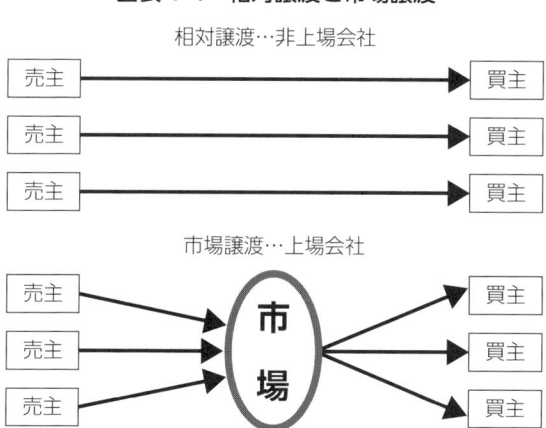

4. 決算書を必要とする人

　決算書は会社と関係のある人すべてにとって有用な書類ですが、会社と取引する人すべてが同じように決算書を必要とするわけではありません。決算書を必要とする程度は、会社との付き合い方によって変わってきます。

◆ 会社の利害関係者

　会社に関係を持ち、経済的取引を行う人を会社の利害関係者といいます。利害関係者はたくさんいますが、代表的な利害関係者として、株主、従業員、得意先、仕入先、銀行などが存在します。利害関係者はいずれも会社と関係を持っていますから、会社の内容には当然関心がありますが、その関心の持ち方は一様ではありません。利害の持ち様により、関心の深さが違います。利害関係者がどのように会社と関係しているのか貸借対照表から確認してみましょう（貸借対照表については第 4 章で詳しく説明します）。

図表 1-5　貸借対照表に表現される利害関係者

利害関係者 （会社にカネを支払う）	貸借対照表 （借方）	（貸方）	利害関係者 （会社からカネを受け取る）
債務者→決算書への関心薄い	資産 （売掛金） （貸付金）	負債 （買掛金） （借入金）	債権者→決算書に重大な関心
		純資産 （株主資本）	株主→決算書に重大な関心
	簿外		税務当局→決算書に重大な関心

◆ 債務者は決算書の関心度は薄い

　会社の利害関係者は、貸借対照表の勘定科目に対応して**図表 1-5** のように表現することができます。貸借対照表の借方は、資金の運用状況、すなわち資産が表示されます。たとえば、資産にある売掛金とか貸付金という形で利害を有する人がいます。この人たちは会社から見れば債務者ということになります。債務者は会社（債権者）からカネを借りているのです

から、これから会社にカネを支払う立場にあります。カネの支払をするほうは、支払う相手の会社の内容がいいかどうかなどということにはそれほど関心を持つ必要はありません。二重払いの危険性を避けるために、カネを支払う相手方の会社が確かに存在すればそれで十分です。したがって、債務者の決算書への関心度は薄くなります。

◆ 貸方の利害関係者

　一方、貸借対照表の貸方に利害関係を有する人もいます。貸借対照表の貸方は会社がどのように資金調達をしたかを示しています。会社が資金調達をしているということは、その反対側にいる利害関係者は会社に資金を投入していることになります。資金を投入している人は資金を回収しなければなりませんから、会社の業績に重大な関心を持ちます。

　貸方の利害関係者は資金調達方法の違いにより債権者と株主の 2 つに分かれます。以下で詳しく見ていきます。

◆ 債権者の場合

　債権者は、買掛金や借入金のような負債として利害を有する人々です。具体的には仕入先や銀行などですが、この人たちは会社から見れば債権者です。債権者は元本や利息の返済について契約を結び、会社にカネを貸しています。債務者(会社)は債権者に契約どおりにカネを返そうとしますが、会社の業況が思わしくなく、返済財源が足りなくなれば返せなくなってしまいます。そこで、債権者は会社が契約どおりに元利金を返済する財務的な力を有しているかどうかを、決算書を分析することにより、常にウオッチしていなければならないのです。したがって、債権者にとって決算書は大変重要になります。

◆ 株主の場合

　株主は株主資本に利害関係を有する人々です。株主は 2 つのルートで

資金を回収します。1つは株式譲渡、もう1つは配当です。株主は、元本金額を会社に直接請求できるわけではなく、株式を第三者に譲渡することにより、資金を回収します。株式は時価で売却されますから、会社の業績に左右されます。また、会社から直接支払われる配当も会社の業績次第で変わります。したがって、株主も会社の業績を表現している決算書に重大な関心を持っています。

◆ 簿外の税務当局

このように貸借対照表に表示されている決算書に関心を持たなければならない利害関係者は、会社に資金を投入している債権者と株主になるのですが、貸借対照表に表示されていないにもかかわらず、決算書に重大な関心を持つ利害関係者がもう1人います。それは税務当局です。

税務当局は会社に資金を投入していないので、貸借対照表には利害関係者として表現されませんが（負債に表示される「未払法人税等」は確定した税金の支払義務を表示しているに過ぎません）、利益（税務でいえば所得）に応じて税金を取らなければなりません。そこで、税金の対象となる利益がいくらになるかを調査しなければならないので、税務当局は決算書に重大な関心を持つ利害関係者として登場します。

◆ 決算書と税務申告書

まとめれば、決算書に重大な関心を持つ会社の利害関係者は、これから会社あるいは第三者から資金を回収する必要のある債権者、株主、税務当局ということになります。このうち、債権者と株主に対する決算書は基本的に同じですが、税務当局に対するものは違います。債権者と株主に対しては経営成績を正しく開示することを目的としているのに対し、税務当局は担税力のある利益の算定を目的としているからです。税務当局に提出する税務申告書は、決算書で計算された利益をベースにして税務上の所得を計算します。

5. 決算書の正確性の担保

　会社が持ってきた決算書の信頼性をどのように判断するかは、決算書の基本に関するとても重要な問題です。決算書の正確性の確保については以下のように考えます。

◆ 決算書は経営者が作る

　決算書は会社の成績を表示するものであり、その意味では学校の成績表と似ています。しかし、決算書は学校の成績表とまったく同じではありません。決算書と学校の成績表の最大の違いは、作成する人間にあります。学校の成績表は第三者である先生が生徒を評価して作ります。一方、決算書を作るのは評価される会社、すなわち会社の経営者自身です。決算書は自分の成績表を自ら作るのです。学校にも色々な先生がいますから、先生の作成した成績表が完全に客観的で正確だとはいえませんが、それでも自分で作るか、あるいは自分以外の第三者が作るかの違いは重要です。

　自分で自分の成績表を作れば、自分の成績を実態よりよく見せたい、と思うのが人情です。そんな気持ちで作られた決算書は信じることはできません。決算書では会社の内容をできるだけ正確に表示してもらわなければなりません。

　では、決算書の正確性はどのように担保されているのでしょうか。先に「上場会社と非上場会社」について説明しましたが、決算書の正確性の担保の仕方は上場会社と非上場会社で以下のような点が異なります。

◆ 上場会社には外部監査がある

　上場会社の株式売買には不特定多数の人が参加します。売買判断の基礎資料となる決算書に嘘があれば、市場に参加する多くの国民が損害を被ります。そこで、上場会社では決算書を中心とした会社内容を記載した有価

証券報告書について公認会計士（会計監査人）の監査を義務づけ、その正確性について外部の専門家のチェックを入れています。会計監査人の保証のついた有価証券報告書も決して万全とはいえないことはいうまでもありません。エンロン、カネボウ、ライブドア、オリンパス、東芝に見られるように、上場会社でも粉飾決算（有価証券報告書の虚偽記載）が発生しますから、外部監査も完璧とはいえません。しかし、外部の専門家による監査体制が整備されていることは事実であり、上場会社の決算書の信頼性は制度的に確保されているのです。

◆ 非上場会社には外部監査がない

　一方、非上場会社が作成する決算書の正確性は、上場会社とは違い第三者の誰も担保していません（会社の顧問税理士は税務申告を行っているだけであり、決算書の正確性を保証しているわけではありません）。経営者がどんなに善良でも、会社自身が作成した決算書だけを見て、それを全面的にそのまま信じることは危険です。「粉飾があるに違いないからそれを見破れ」といっているわけではありません。粉飾を外部の人間が見抜くのは簡単なことではありません。ただ、非上場会社の決算書をもらったときは、一定の正確性の担保がなされている上場会社とは違い、その信頼性の確保について相応の注意義務を払うことを要請されていると考えるべきです。

図表 1-6　決算書の信頼性

| 上場会社の決算書 | ┈┈► | 外部監査あり（公認会計士の監査） | ━━► | 信頼性高い |
| 非上場会社の決算書 | ┈┈► | 外部監査なし | ━━► | 信頼性低い |

◆ 非上場会社の決算書の信頼性

　外部の専門家の監査を経ていない非上場会社の決算書の信頼性については、以下のように考えます。

　決算書の目的は大きく分けて 2 つあります。1 つは株主や債権者に対する経営成績の開示であり、もう 1 つは法人税法上の所得計算の基礎の作成です。経営成績の開示だけであるなら、経営者は利害関係者に自分の経営手腕を高く見せたいがために、できるだけ利益を多く出そうとするでしょう。しかし、決算書は必ず税務上の所得計算に結びつきます。高い所得があれば多額の税金を納付しなければならなくなります。所得計算を考えたら、利益は少ないに越したことはありません。この両者のバランスが決算書を正しく作らなければならないという経営者の誘引になります。つまり、経営成績を表示している決算書が税務上の所得計算に結びついているということが重要になるのです。

　その意味で、非上場会社の決算書について最も望ましいのは正規の税務申告書を添付してもらうことです。申告書を添付してもらうことが難しい場合には、税務申告が提出された決算書に基づいて行われていることを確認する必要があります。取引先との関係においてそうした確認ができない場合もあるかもしれません。そのときにも、非上場会社の決算書は税務申告と関連づけられていることが重要であるとの認識だけは最低限持っておかなければなりません。

図表 1-7　非上場会社の決算書の信頼性

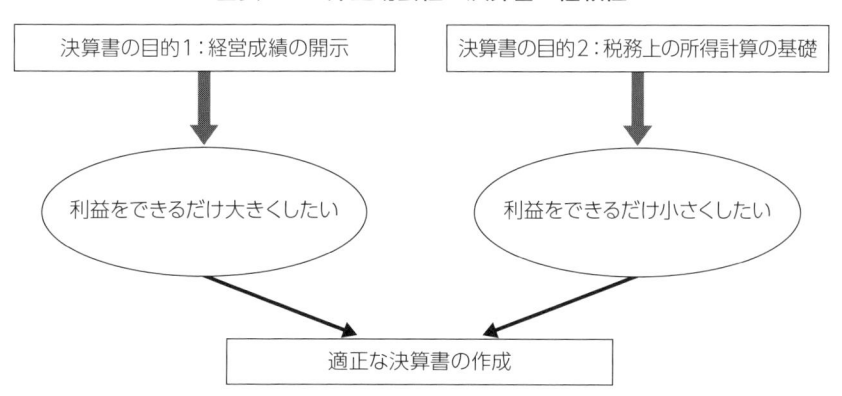

第2章

決算書ができるまで

1. 単式簿記

　会計帳簿を記録する方法には単式簿記と複式簿記があります。家計簿は単式簿記ですが、会社の決算書は複式簿記で作られます。決算書の構造を理解するためには複式簿記が分かっていなければなりません。そのためには単式簿記との違いを理解しておくことが必要ですので、単式簿記とはどういうものかということから説明します。

◆ 現金収支を家計簿のように記録する

　現在の株式会社は解散を予定せず、永遠に存続することを前提としています。しかし、会社の始まりは、一定の目的のために設立され、その目的が達成されたら解散する「当座会社」といわれるものでした。当座会社においては株主財産の算定は容易です。貿易を目的とする当座会社を例に株主財産を計算してみます。

　最初の会社といわれるイギリスの東インド会社をヒントに、以下のような会社を想定します。イギリスでは繊維製品が、インドでは香辛料が特産品です。Ａ氏はイギリス産の繊維製品をインドに輸出し、インド産の香辛料をイギリスに輸入する商売をすれば、きっと儲かると考えました。ただ、そのためには船を購入したり、船員を雇ったりして、インドと往復の航海をしなければなりません。それには莫大な資金が必要であり、とてもＡ氏１人の資金では足りません。そこで友人であるＢ氏、Ｃ氏を誘い会社を作ることにしました。

　Ａ、Ｂ、Ｃの３人はおカネを出し合い、貿易会社である甲社を設立します。甲社は貿易用の船舶を所有し、イギリスで繊維製品を船積みし、インドまで運びインドで売却、その売却代金でインドの香辛料を購入しイギリスに持ち帰り、イギリスで売却するという商売を行います。甲社は当座会社としてこの１往復の航海だけ行い、それが終われば解散し、儲けは Ａ、Ｂ、

Ｃの 3 人の出資者で出資割合に応じて均等に分けることにしました。

　甲社の設立から解散までの取引の内容は**図表 2-1** のとおりでした。甲社の存続期間は ＊ 1 年 1 月から ＊ 2 年 6 月までの 1 年半です。会社設立の目的が完了したので、会社は解散し、会社が稼いだ儲け（＝ 利益）は出資者である株主 A、B、C の 3 人で出資割合に応じて分配します。そのためには甲社は会社の営業活動の結果としていくら稼いだかを計算しなければなりません。その利益の算定は決して難しくありません。**図表 2-2** のように、家計簿をつけるように現金の収支を記録していけばいいのです。この記帳方法を単式簿記といいます。

◆ 最終的なキャッシュ余剰を出資者で分配する

　図表 2-2 は甲社が解散する直前までの事業成績の結果です。＊ 1 年 1 月 1 日に事業を開始し、＊ 2 年 6 月 30 日に完了しました。＊ 2 年 6 月 30 日に従業員に特別賞与を支払い、事業終了後、最終的に残った金額が 1,200 万円ということを示しています。株主の 3 人は 1,000 万円を出資して、甲社の事業に参画したことにより、3 人合計で 200 万円の利益を得たことになります。

　甲社は会社としての当初目的の使命を完了し解散しますから、この 1,200 万円は出資者 3 人に配分されることになります。その配分割合は当初の出資比率に対応しますから、**図表 2-3** のようになります。

　この場合は株主に分配される会社の利益は実に明瞭に計算されます。それは甲社が当座会社で、当初目的の事業が完了すれば解散してしまうからです。解散のときはキャッシュの最終残高と獲得利益が一致しますから、キャッシュの動きだけを追っていけば最終的に分配できる利益が分かります。

　これが単式簿記です。単式簿記は簡明ですし、キャッシュの残高だけをつかんでおけばいい場合は非常に有効な記帳方法です。家庭ではキャッシュがどのように動いたかが重要ですから、家計簿は単式簿記で記帳するのです。

図表 2-1　甲社の取引記録

＊1年1月1日	Aが500万円、Bが300万円、Cが200万円出資、計1,000万円で甲社設立
＊1年2月1日	銀行から600万円借入（利息は後払い）
＊1年3月1日	船員を10人雇い入れ、合計100万円の給料を支払う
＊1年4月1日	貿易のための船舶を400万円で購入
＊1年5月1日	イギリスの繊維製品を1,000万円買い付け、インドに向け出航
＊1年10月1日	インドに到着、繊維製品全部を1,200万円で売却
＊1年11月1日	インドで香辛料を1,100万円買い付け、イギリスに向け出航
＊2年3月1日	船員10人に給料100万円を支払う
＊2年4月1日	イギリスに到着、香辛料全部を1,500万円で売却
＊2年5月1日	銀行に借入金元利合計640万円返済
＊2年6月1日	船舶を340万円で売却
＊2年6月30日	船員10人に特別賞与100万円を支払う
＊2年6月30日	会社を解散し、残余財産を株主に分配する

図表 2-2　甲社の単式簿記の記録

（単位：万円）

日付	摘要	入金	出金	残高
＊1年1月1日	出資金	1,000		1,000
＊1年2月1日	銀行借入	600		1,600
＊1年3月1日	給与支払		100	1,500
＊1年4月1日	船舶購入		400	1,100
＊1年5月1日	繊維商品購入		1,000	100
＊1年10月1日	繊維商品売却	1,200		1,300
＊1年11月1日	香辛料購入		1,100	200
＊2年3月1日	給与支払		100	100
＊2年4月1日	香辛料売却	1,500		1,600
＊2年5月1日	借入金返済		640	960
＊2年6月1日	船舶売却	340		1,300
＊2年6月30日	賞与支払		100	1,200

図表 2-3　甲社の株主への分配金額

（単位：万円）

株主	当初出資額	最終分配額	儲け
A	500	1,200 × 500 ÷ 1,000=600	600-500=100
B	300	1,200 × 300 ÷ 1,000=360	360-300=60
C	200	1,200 × 200 ÷ 1,000=240	240-200=40
合計	1,000	1,200	200

2．複式簿記

　単式簿記の説明で使用した甲社は、事業目的が終了すれば解散する「当座会社」でした。当座会社の利益は解散時点のキャッシュ残高を見れば分かります。しかし、現代の会社は解散を予定しない、半永久的に存続することを前提に企業活動を行う「継続会社」です。継続会社は解散しませんから、解散時点でのキャッシュを把握することはできません。かといって、事業継続中の会社のキャッシュ残高をつかんだところで、利益を知ることはできません。なぜなら、企業が継続・発展するために、キャッシュは様々な部門に投資されていて、キャッシュ残高と利益は一致しないからです。そこのところを、前述した単式簿記で確認しておきます。

◆ 継続企業は単式簿記では利益計算できない

　図表 2-4 は前述した甲社の単式簿記の記帳記録です。

　甲社は当座会社ですから、＊ 2 年 6 月 30 日に解散します。そのときの利益はキャッシュ残高と一致しますから、

　1,200 万円（解散時点のキャッシュ残高）—1,000 万円（当初出資金）＝200 万円（利益）と計算できます。

　ところが、継続会社になると話が変わります。継続会社では解散を想定していませんから、期間を人為的に区切って経営成績を表示しなければなりません。

　たとえば、甲社において、図表 2-3 の＊ 1 月 1 日から＊ 12 月 31 日までを 1 事業年度だとします。そうすると＊ 1 年 12 月 31 日現在で決算を行い、株主に分配できる利益を算定しなければなりません。先ほどの解散のときと同様に考えるとしたら、＊ 1 年 12 月 31 日現在の現金残高を見ればいいわけです。＊ 1 年 12 月 31 日現在の現金残高は 200 万円です。当初の出資金は 1,000 万円ですから、甲社は設立してからの事業活

動の結果 200 万円 -1,000 万円 ＝ △ 800 万円の赤字だったことになってしまいます。しかし、そんなことはありません。この時点では事業は完了しておらず、事業活動の途中です。キャッシュはさらなる飛躍のために使用中なのです。したがって、事業完了のときのようにキャッシュの残高 ＝利益ではありません。事業継続中においても、株主に配当として分配できる適正な利益を算出する方法が必要とされるのです。その算出をするのに必要な記帳方法が複式簿記です。

図表 2-4　甲社の単式簿記の記録

（単位：万円）

	日付	摘要	入金	出金	残高
1 事業年度	＊1年1月1日	出資金	1,000		1,000
	＊1年2月1日	銀行借入	600		1,600
	＊1年3月1日	給与支払		100	1,500
	＊1年4月1日	船舶購入		400	1,100
	＊1年5月1日	繊維商品購入		1,000	100
	＊1年10月1日	繊維商品売却	1,200		1,300
	＊1年11月1日	香辛料購入		1,100	200
	＊1年12月31日	**期末現金残高**			**200**
2 事業年度	＊2年3月1日	給与支払		100	100
	＊2年4月1日	香辛料売却	1,500		1,600
	＊2年5月1日	借入金返済		640	960
	＊2年6月1日	船舶売却	340		1,300
	＊2年6月30日	賞与支払		100	1,200

◆ 複式簿記は取引ごとに損益を認識する

　当座会社は事業解散のときに最終的な儲けが算定できればいいのですから、キャッシュの流れを追う家計簿様式の単式簿記をつけていれば十分でした。しかし、継続企業ではキャッシュだけを見ていたのでは儲け（利益）が算定できません。

　複式簿記は継続企業において、利益を正しく認識するために工夫された記帳方法です。継続企業ですから、いつの時点でも正しい利益を算定する

ことが必要です。そのためには、一つひとつの取引ごとに、この取引は儲けなのか損なのか、あるいは儲けにも損にも関係のない取引なのかということを認識させなければなりません。そこで、複式簿記では 1 つの取引を借方と貸方の 2 つの項目に分解して、儲けなのか損なのかを認識する記帳法を取ります。この取引の記録の仕方を「仕訳」といいます。仕訳を起こすには借方と貸方に記入される項目を理解しておかなければなりません。

◆ 資産、費用、負債、収益を認識する

　複式簿記では**図表 2-5** のように、借方には資産と費用、貸方には負債と純資産と収益が記帳されます。資産とは事業を行うために所有している財貨や法律上の権利をいいます。資産の代表的なものは現金です。その他に、有価証券、土地、建物のように売れば現金になるものであり、プラスの財産です。負債とは会社がこれから返済をしていかなければならない債務です。負債の代表的なものは借入金であり、いずれ現金が出ていく、マイナスの財産です。プラスの財産である資産からマイナス財産である負債を引いたものは正味の会社財産としての純資産になります。

　収益とは会社の収入、つまり稼ぎをいいます。収益の代表は製品や商品（会計では販売する物を自社で製造している場合は製品、他社から購入してきてそのまま販売する場合は商品と、用語を使い分けています）の売上です。費用とは収益を得るために、営業や製造を行うために犠牲になった支出をいいます。費用の代表は製造業であれば製造原価であり、卸・小売業であれば売上原価になります。収益から費用を引いたものが利益となります。

　資産と負債は儲けでも損でもない取引、つまり利益と関係のない取引となり、収益と費用が利益を算定するのに必要な取引ということになります。決算書の目的は株主の財産である純資産（厳密には、株主の財産は純資産の中の自己資本になります。純資産と自己資本の違いは後で説明します）と、その期間の儲けの結果である利益の算定にあります。純資産と利益は資産・

27

負債と収益・費用の差額の算術結果に過ぎませんから、正しい純資産と利益算定のためには資産・負債・収益・費用を正確に分類できればいいわけです。その分類方法が仕訳です。

図表 2-5　複式簿記の借方と貸方の分類

（借方）に記入されるもの	（貸方）に記入されるもの	差額	損益か否か
資産 （現金） （有価証券、土地、建物）	負債 （借入金） 純資産 （資本金）	資産－負債＝純資産	損益ではない
費用 （製造原価、売上原価） （支払利息、給料）	収益 （売上、受取利息）	収益－費用＝利益	損益

3. 仕　訳

　取引ごとに記帳される仕訳をベースに、これから述べる貸借対照表や損益計算書が作られることになりますから、仕訳は決算書の基礎となるものです。仕訳の実例を簡単に見てみます。

◆ 仕訳を起こす

　前項で説明した複式簿記の借方・貸方の分類に基づき、甲社の＊1年1月1日から＊1年10月31日までの**図表 2-6** の取引を、複式簿記による仕訳で記入してみますと**図表 2-7** のようになります。

図表 2-6　甲社の取引記録

＊1年1月1日	Aが500万円、B300万円、C200万円出資し、計1,000万円で甲社設立
＊1年2月1日	銀行から600万円借入（利息は後払い）
＊1年3月1日	船員を10人雇い入れ、合計100万円の給料を支払う
＊1年4月1日	貿易のための船舶を400万円で購入
＊1年5月1日	イギリスの繊維商品を1,000万円買い付け、インドに向け出航
＊1年10月1日	インドに到着、繊維製品全部を1,200万円で売却

図表 2-7　複式簿記による仕訳

（単位：万円）

日付	借方		貸方	
	（勘定科目）	（金額）	（勘定科目）	（金額）
1月1日	現金 （資産）	1,000	資本金 （純資産）	1,000
2月1日	現金 （資産）	600	借入金 （負債）	600
3月1日	給与 （費用）	100	現金 （資産の減少）	100
4月1日	船舶 （資産）	400	現金 （資産の減少）	400
5月1日	仕入 （費用）	1,000	現金 （資産の減少）	1,000
10月1日	現金 （資産）	1,200	売上 （収益）	1,200

利益計算（網掛け部分）：収益1,200万円−費用（100万円＋1,000万円）＝100万円

○ **1月1日：A、B、C が合計 1,000 万円出資**…単式簿記では現金が 1,000 万円増加したとしか記録されません。しかし、複式簿記では 1 つの取引を 2 つの角度から見ます。複式簿記の仕訳ではなぜ 1,000 万円の現金が増えたのかということを識別します。現金は資産ですから、借方に 1,000 万円の資産として現金が記入されます。貸方はこの現金の増加原因を記入します。この場合は出資ですから、貸方は資本金になります。ここで重要なことは、借方は資産で貸方は純資産ですから、この取引は損益を構成しないということです。つまり、利益計算には関係ない取引ということになります。

○ **2月1日：600 万円銀行借入**…ここでも現金 600 万円が増えますから、借方は資産です。貸方は現金増加の原因が借入ですから、負債になります。この取引もやはり損益取引は構成しません。

○ **3月1日：給与を 100 万円支払**…給与を支払うと現金が減少しますから、今度は現金が貸方に出現します。現金減少の原因は給与ですから、借方は給与という費用になります。これは費用ですから損益の構成要因として認識します。

○ **4月1日：400 万円の船舶の購入**…これは資産としての現金が減少し、同じ資産としての船舶が増加しています。資産の間のやり取りですから、これも損益は構成しません（船舶は減価償却という方法でこれからの損益に影響を与えてきますが、ここでは減価償却は考慮しません。減価償却については後で説明します）。

○ **5月1日：繊維商品 1,000 万円で仕入**…現金を支払って商品を購入していますから、貸方は現金の減少になります。借方は、売却して収益を上げるために商品を仕入れたのですから、費用として損益を構成します。

○ **10月1日：繊維商品を 1,200 万円で売却**…商品を売って現金が増加していますから、借方は現金の増加です。貸方は、これは本業による収益ですから、売上として当然損益を構成します。

　複式簿記による仕訳の目的は利益を計算することにあります。そのためには損益と損益以外を判別しなければなりません。プラスの損益取引は収益であり、マイナスの損益取引は費用です。図表 2-7 の網かけの部分が損益構成取引になります。その結果、この期間の利益は収益から費用を引いて 100 万円と計算できるのです。

◆ 毎日でも利益計算可能

　複式簿記では、このように一つひとつの取引について仕訳を起こします。仕訳というのは、その取引が利益にプラス要因なのかマイナス要因なのかを認識する技術です。利益の増加であれば収益、減少であれば費用と認識します。あるいは、利益と関係ないと判断すれば、資産や負債または純資産だと認識します。

　単式簿記では会社がどれだけ儲かったかは、会社の事業がすべて終わってからでないと分かりませんが、複式簿記では個別の取引ごとに収益と費用を認識していますから、それを集計すれば期間をどこで切っても利益が認識できるようになっています。極端なことをいえば、毎日でも利益計算が可能です。

◆ 貸借対照表と損益計算書

　複式簿記で仕訳をしたものを集計すると、借方には資産と費用、貸方には負債と純資産と収益が記録されます。前述したように、収益と費用はその期間の利益計算として集計されるべきものです。収益と費用の差額である利益は、企業の事業活動の結果、生み出した余剰です。これはその期間に損益として決着がついたものですから、会社が自由に処分できるものです。株主に配当することもできますし、成長のための再生産に使うこともできます。

　それに対し、資産と負債は当該期間の利益計算には組み込んではいけないと認識した部分であり、利益計算としては次期以降に繰り越されるもの

の集積です。資産と負債との差額は、その時点における実質的な会社の財産という意味で純資産と呼ばれます。

　そして、資産と負債と純資産を取り出したものが貸借対照表、収益と費用を取り出したものが損益計算書となります。この貸借対照表と損益計算書が決算書の中心的なものになります。

4. 負債と収益、資産と費用

複式簿記では**図表 2-8**（図表 2-5 の再掲）のように、借方には資産と費用、貸方には負債と純資産と収益が記帳されます。

そこで、資産、負債、収益、費用の関係性をもう少し詳細に検討してみましょう。

図表 2-8　複式簿記の借方と貸方の分類

（借方）	（貸方）	差額	損益か否か	
資産 （現金） （有価証券、土地、建物）	負債 （借入金） 純資産 （資本金）	資産－負債 ＝純資産	当期の 損益ではない	貸借 対照表
費用 （製造原価、売上原価） （支払利息、給料）	収益 （売上、受取利息）	収益－費用 ＝利益	当期の損益	損益 計算書

◆ 返済しなければならない負債と返済不要の収益

図表 2-9 を使って現金が増加したときの状況を考えてみます。現金の増加は借方に記録されます。複式簿記ですから、借方が増加すれば同額の貸方が発生しなければなりません。貸方はなぜ現金が増えたのかを説明するものになります。現金が増加するのは大きく分けて 2 つの要因が考えられます。

1 つは借入金を借り入れたときです。借入をすれば、その分現金が増加しますから、図表 2-9 ①の複式簿記の記帳がなされます。借入金はいずれ返さなければなりません。したがって、借入金で増えた現金は自由に使える現金ではありません。そこで、借入金は負債と認識します。

もう 1 つは製品や商品を売り上げて、現金が増えるケースもあります（②の仕訳）。この場合は貸方に売上という勘定科目が立ちます。これは先ほ

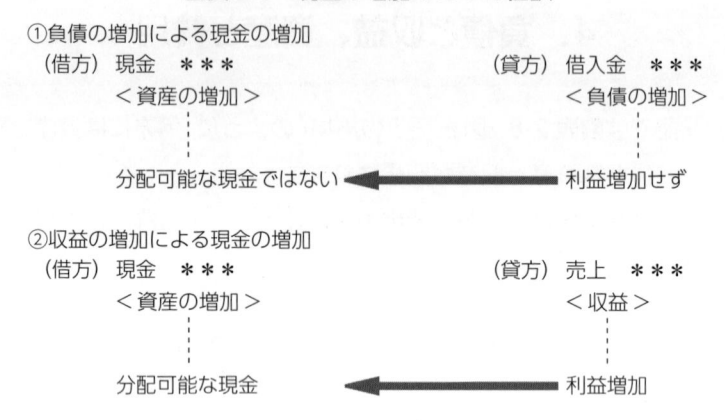

図表 2-9　現金の増加の 2 つの仕訳

①負債の増加による現金の増加

（借方）現金　＊＊＊　　　　　　　　　　　　（貸方）借入金　＊＊＊
　　　　　＜資産の増加＞　　　　　　　　　　　　　　　　＜負債の増加＞

　　　　　分配可能な現金ではない　◀━━━━━　利益増加せず

②収益の増加による現金の増加

（借方）現金　＊＊＊　　　　　　　　　　　　（貸方）売上　＊＊＊
　　　　　＜資産の増加＞　　　　　　　　　　　　　　　　＜収益＞

　　　　　分配可能な現金　◀━━━━━　利益増加

どの借入金による現金の増加とはまったく違います。売上は返済する必要のないものですから、売上による現金の増加は自由に処分できる現金です。したがって、この売上は負債ではなく収益として記録されます。このような現金の増加は利益の増加によるものと認識します。

　負債によって増加した現金は、いずれ返済しなければなりませんから、株主に分配してはなりません。一方、利益で増えた現金は返済不要ですから分配することが可能です。

◆ 利益が減少しない資産と利益が減少する費用

　今度は**図表 2-10** で現金が減少する場合を考えます。現金の減少は資産の減少として貸方に記帳されます。現金の減少の理由も 2 つに大別されます。

　まず、図表 2-10 ③のように現金を支払い、土地のような他の資産を購入した場合です。土地を買えば確かに現金は減少しますが、土地という新しい資産が出現します。土地は売れば、また現金に換えることができますから、この現金の減少は利益の減少ではなく資産として認識します。

　今度は従業員に給料を支払う場合を考えます。給料を払うと、④の仕訳

図表 2-10　現金の減少の 2 つの仕訳

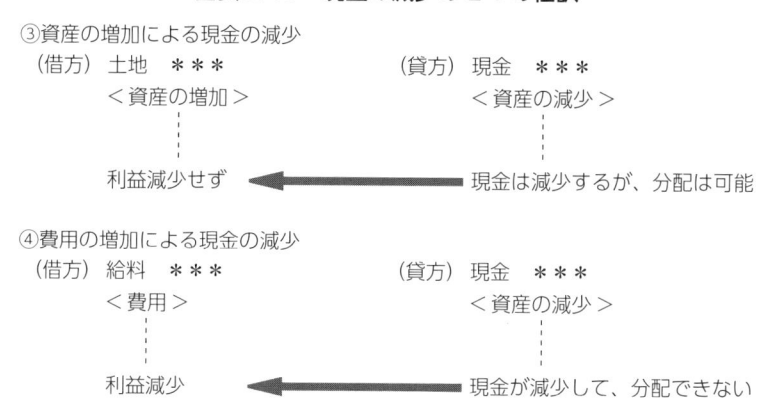

が起きます。ここでも、③と同様に現金が減少しますが、③の土地の購入とは決定的に違います。土地は売れば将来現金が戻ってくる性格を有しますが、給料として出ていった現金は二度と戻ってきません。そこで、この給料の減少は利益の減少となる費用と認識します。

◆ 収益と負債、費用と資産は似ている

　先の図表 2-8 を見ると、同じ貸方に負債と収益が出てきます。普通の語感からすると、収益は儲けにつながるもので、負債は返済すべきものですから、収益と負債は明確に区別できるものだと思うかもしれませんが、その区別はそれほどクリアなものではありません。たとえば、次の例を考えてみましょう。

　会社の社長の友人が会社の事業に使ってくれと、1,000 万円の現金を会社に提供したとします。この取引を会社の立場に立って仕訳を起こしてみます（**図表 2-11**）。会社とすれば現金が増えるのですから、借方には現金 1,000 万円と記帳します。これは誰がやっても同じになります。

　では、貸方はどうすればいいのでしょう。現金を贈った友人がその現金は後で返してくれるものと期待しているとすれば、それは友達からの借入

金として負債になります（図表 2-11 ⑤）。でも、友達がそのおカネは返してもらうものではなく、会社にあげたものだとすればどうでしょう。その場合はもらった時点でそのおカネは会社のものになるわけですから、それは収益（受贈益）として認識することになります（図表 2-11 ⑥）。

同じ現金の提供でも、提供する側の意思により収益になったり、負債になったりするのです。

費用と資産にも同様なことがいえます。何かの対価として現金を支払ったとき、土地とか建物とか形に残るものがあれば、資産になり、形として残らない給与の支払のようなものは費用になります。費用と資産にも境界線が曖昧で、認識の違いにより、どちらともいえない場合もあります。

図表 2-11　社長の友人が現金を会社に提供

⑤友人は貸しているという認識
（借方）　現金　　1,000 万円　　　　　（貸方）　借入金　　1,000 万円
　　　　＜資産＞　　　　　　　　　　　　　　＜負債＞

⑥友人はあげたという認識
（借方）　現金　　1,000 万円　　　　　（貸方）　受贈益　　1,000 万円
　　　　＜資産＞　　　　　　　　　　　　　　＜収益＞

◆ 貸借対照表項目と損益計算書項目

このように、収益と負債、資産と費用はその分岐点が微妙なものがあり、価値判断が必要とされる場合があります。ただ、重要なことは仕訳において勘定科目を選択した時点で、収益か負債、あるいは費用か資産かを選択したという点にあります。あとは、それを集計すれば、利益と純資産が算定されます。

そして、先の図表 2-8 に戻って、収益と費用は当期の損益に関係するものとして損益計算書に、資産と負債と純資産は次期以降の損益に繰り越されるものとして貸借対照表に集計されます。

5. 資本取引

貸方に記帳される純資産に関係する取引を資本取引といいます。

◆ 会社オーナーとの取引

　複式簿記の目的は、会社の事業継続中のいつの時点においても正確な利益を算定することにあります。そのためには一つひとつの取引が利益計算に組み込まれるものなのか、あるいはそうでないものなのかということを識別しなければなりません。先に、利益計算に関係あるものが収益・費用で、関係ないものは資産・負債だと説明しましたが、利益計算に無関係な項目としては資産・負債の他に資本取引があります。資本取引とは貸借対照表の純資産に関係する取引です。

　資産・負債は会社外部の利害関係者との取引で生じたもので、事業に使われることにより損益となったり、売却されたり、返済されたりします。資産・負債が損益として決着されると、利益として純資産に算入されます。

　これに対し、資本取引は会社のオーナーである株主と会社との取引により発生したものです。オーナーはいわば会社そのものですから、会社がオーナーとどんな取引をしても会社の利益には影響を与えません。この点が資本取引の特徴です。

◆ 増資と借入金

　会社で資金が必要になったとき、資金調達の方法には大別して 2 種類あります。それは増資と借入金です。

　たとえば、100 万円の資金調達を増資で行うと**図表 2-12** ①の仕訳を起こします。借方は現金 100 万円の増加、貸方は資本金の増加です。資本金は純資産の一項目となります。増資ではなく、銀行借入で 100 万円を調達すれば②の仕訳を起こします。借方は増資と同じ現金 100 万円の増

加ですが、貸方は借入金になります。借入金は負債になります。同じ現金の増加ですが、反対勘定が資本金と借入金では格段の違いがあります。

　資本金は会社のオーナーである株主からの入金です。株主は会社の事業リスクを負っています。その事業リスクの象徴が株主としての出資です。出資した瞬間にその出資金は会社のものになります。株主は自分が出したカネだからといって会社に返済を要求することはできません。会社にとっては返済不要の資金になります。したがって、資本金の大きな会社は返済不要な資金の多い、安全な会社ということになります。一方、借入金は会社の外の銀行などの債権者から返済期日を定めて借りたものです。契約書の返済期日までに返済できないと債務不履行となってしまい、倒産してしまいます。したがって、負債の大きい会社は危険な会社として認識されます。

　したがって、同じ資金調達でも増資になるか借入金になるかで、その会社の内容はガラッと変わってしまいます。

図表 2-12　資本取引と資産・負債取引

①増資による資金調達
（借方）現金　　100 万円　　　　　　　（貸方）資本金　　100 万円
　　　　＜資産＞　　　　　　　　　　　　　　　＜純資産＞

②借入による資金調達
（借方）現金　　100 万円　　　　　　　（貸方）借入金　　100 万円
　　　　＜資産＞　　　　　　　　　　　　　　　＜負債＞

6.　決算整理

これまで、日々の取引記録を複式簿記で記録し、それを集計すれば貸借対照表と損益計算書ができると説明してきましたが、実は貸借対照表と損益計算書を作るにはもう一段階のステップを踏まなければなりません。それが期末に行う決算整理です。

（1）　決算整理の必要性

◆ 期中の取引と収益・費用のズレを修正

会社の事業は途切れることなく永遠と続きますが、決算期間は人為的に1年と区切り、その間の利益を計算します。正確な利益は当期中に獲得した収益から、その収益貢献のために費やした費用を控除して算出します。

期間中の取引記録は現金や資材が動いたときに仕訳を起こします。収益と費用が現金や資材の動きと完全に一致していれば、期中の取引だけを記録し集計すれば利益が計算できます。しかし、収益・費用は現金などの収支と必ずしも一致しているわけではありません。現金の入金はあったが当期の収益にしてはいけないものとか、出金はあったが当期の費用にしてはいけないものなどがあります。そのため、期末時点において、期中の取引と収益・費用のズレを補正する必要があります。それが決算整理です。

◆ 恣意性の介入の余地

決算整理は決算書作成の大きなポイントになります。というのは、期中は取引事実を淡々と仕訳すればよく、作成者の恣意性の入る余地は余り大きくはないのですが、決算整理では認識とか見積もりとかを行わなければならず、そこに決算書作成者の価値判断が入らざるを得ないからです。

作成者の恣意性の介入を避けるために、それぞれの事項について会計基

準は定められているのですが、その基準は複数あったり、基準の内容に幅のあるものがあったりします。それは余りに画一的に基準を定めると、会社の業態によっては、業績を適正に表現できないことがあるからです。しかし、これは恣意的に会計基準を変更していいということではなく、会社の実態を正確に表現するために、最も適した基準を採用してください、ということなのです。

◆ 注記が重要

しかし、業績が苦しくなると会社の実態以上に決算書をよく見せるために、この裁量の幅を利用しようとする会社が出てきます。それが粉飾決算です。したがって、決算整理において適正な基準を正しく適用しているかどうかは非常に重要です。

採用されている会計基準は決算書の最後に注記されています。注記というと、その言葉の響きだけから判断すると、本文さえ読んでいれば省略してもよさそうにも見えますが、決算書の注記はそんな軽いものではありません。決算分析では、注記にも注目し、その会社がどういう会計基準を採用しているかをつかんでおくことが必要です。

決算整理の項目はかなりありますが、本書では代表的な決算整理である「在庫の算定」、「利息計算の補正」、「減価償却費の計上」、「引当金の計上」を取り上げます。

図表 2-13　期中取引と決算整理

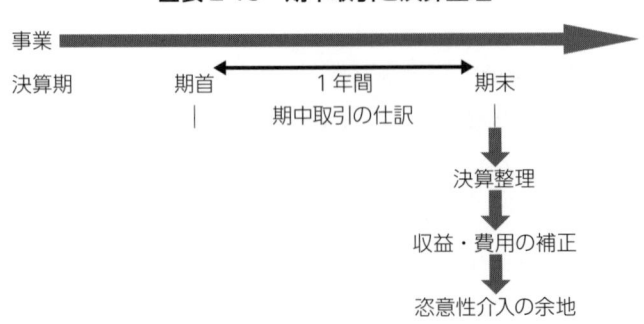

（2） 在庫の算定

　企業はビジネスを行っている限り、在庫を持っていますから、決算整理では必ず期末在庫の算定を行わなければなりません。在庫が重要なのは単に期末時点の貸借対照表における資産残高を確定するからではなく、そこで確定された期末在庫の水準が損益計算書の利益を左右するからです。

◆ 在庫の分類

　在庫は決算書では「たな卸資産」として表示されます。会計では顧客に販売するための在庫を、自社で加工しているかどうかという観点から 2 つに分けています。自社で加工している製造業の販売在庫は「製品」、自社で加工せず他社から購入したものをそのまま販売する卸・小売業の在庫を「商品」と呼び、区別しています。

　製造業は原材料を仕入れ、製造、販売まで行いますから、製造業には原材料、仕掛品、製品などの多様な在庫があります。卸・小売業は、商品を仕入れて販売するだけですから、卸・小売業の在庫は商品だけになります。

　以下では、商品の場合を取り上げて、在庫の決算書に与える影響について説明します。

◆ 売上原価の算定

　売上に関する一番基本となる利益は売上総利益です（利益については後で詳述します）。売上総利益は売上から売上原価を引いて算定されますから、売上総利益を計算するためには売上と売上原価を確定しなければなりません。

　売上は期間中の売上を単純に合計するだけであり、特別の計算は不要です。問題は売上原価です。売上原価は期中の商品仕入高を単純に積み上げただけではいけません。なぜなら、在庫があるからです。

　もし、期間中に仕入れたものを全部その期間中に売り切ってしまい、いつの時点でも在庫が残らないとすれば、仕入合計額＝売上原価になります

（**図表 2-14** ①）が、そんなことは神様でもない限り不可能です。期首時点なら前期からの売れ残り、期末時点では当期の売れ残りである在庫が必ず存在します。そのときの売上原価は次のように算定されます（図表 2-14 ②）。

期首在庫とは、当期が始まる前に倉庫にあった前期以前に仕入れた商品です。それも当期に販売可能な商品に含まれます。当期の売上は期首在庫と当期に仕入れた商品を合計したものから行われます。もし、期首の在庫と当期の仕入高を当期中に全部売り切ってしまったとしたら、期末の在庫は０で、期首在庫と当期仕入高の合計額がそのまま売上原価になります。逆にいえば、期末に在庫が残っているということは、その分は当期中に売れなかったということになります。売れなかったものは売上原価に含めてはいけませんから、当期の売上原価から控除します。その結果、売上原価

図表 2-14　在庫、売上原価、売上総利益

①レアケース：期首にも期末にも在庫がない

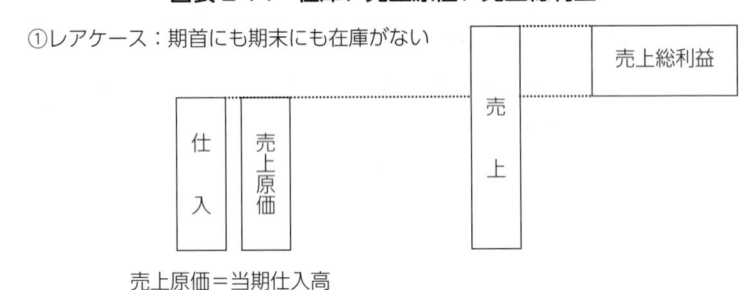

売上原価＝当期仕入高

②通常の場合：期首にも、期末にも在庫がある

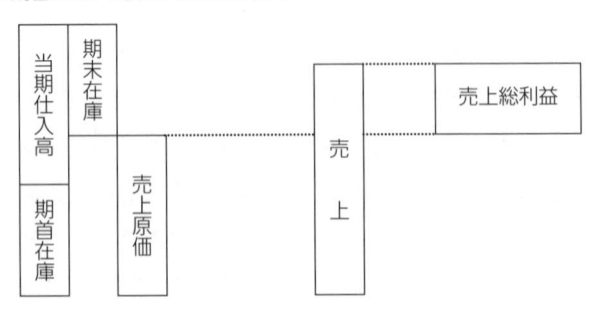

売上原価＝期首在庫＋当期仕入高－期末在庫

は次の算式で計算されます。

　売上原価 ＝ 期首在庫 ＋ 当期仕入高 - 期末在庫

　したがって、期末在庫が確定してはじめて売上原価が計算でき、その結果として売上総利益が算定されるのです。

◆ 在庫で変わる利益

　この式から分かるとおり、期末在庫、売上原価、利益の関係は次のようになります（**図表 2-15**）。期末在庫が多ければ売上原価が小さくなり、利益は大きくなります。逆に期末在庫が少なければ、売上原価は大きくなり、今度は利益が小さくなります。このように、期末在庫の金額が利益金額を確定させますから、期末在庫は非常に重要なのです。

　このことを裏から見れば、在庫金額を恣意的に操作すれば、利益を作ることができるということを示唆しています。在庫を実態より多く算定すれば、売上原価を小さくして、大きな利益を計上できるのです。これが在庫操作による粉飾です。

　こうした事情がありますから、決算書を分析する立場からすれば、在庫金額の動向には十分注意しなければなりません。在庫金額は売上動向に左右されるのが普通です。売上が増加すれば、在庫が増えるのは当然ですが、売上が余り変わらないのに、在庫だけが大きくなり、利益を計上しているような会社は危険です。在庫が前年に比べて大きく変動しているような場合は、その原因を把握しておく必要があります。

　在庫は決算分析における最重要チェックポイントです。

図表 2-15　期末在庫、売上原価、利益

期末在庫金額大きい　→　売上原価小さい　→　利益大きい
期末在庫金額小さい　→　売上原価大きい　→　利益小さい

（3） 収益・費用の期間修正

　会計では、人為的に計算期間を 1 年と区切り、利益や財産を計算します。しかし、事業は会計における計算期間に合わせて行っているわけではありませんから、正確な期間利益を算定するためには、会計上の計算期間と実際上の事業期間の差異を修正しなければなりません。

◆ 借入金利息の期間修正

　長期間にわたるサービスの対価として金銭の授受を行う場合、対価の支払はサービスを受ける最初の時点や終わりの時点、あるいはある一定の中間点で行われます。サービスの提供期間と会計期間がずれている場合は、期間補正が必要になります。ここでは、借入金の支払利息を例に取り、期間修正の説明を行います。

　借入金を借りた場合は、金利の支払が発生します。借入期間が決算期間とピッタリ一致していれば、金利補正の必要はありませんが、一致していなければ補正しなければなりません。

　図表 2-16 を見てください。決算日は 3 月 31 日です。当期の 12 月 31 日に期間 1 年、金利 9%、利息一括前払いで 10 億円を借り入れたとします。そうすると、借入日には**図表 2-17** ①の仕訳で 1 年分の金利 9,000 万円を支払います。これをこのままで集計して、損益計算書を作ると、支払利息 9,000 万円全額が当期の費用になってしまいます。しかし、この借入金は 3 月 31 日までの当期だけでなく、4 月 1 日以降の来期にも利用されているのですから、9,000 万円の利息を全額当期の費用として利益を計算するのは不合理です。当期の費用とすべきは 1 年間（12 か月）のうち、3 か月分だけで、残りの 9 か月は翌期の費用として計算しなければいけません。そこで、9,000 万円の 9 か月分の 6,750 万円は図表 2-17 ②の仕訳を行い、支払利息を補正します。

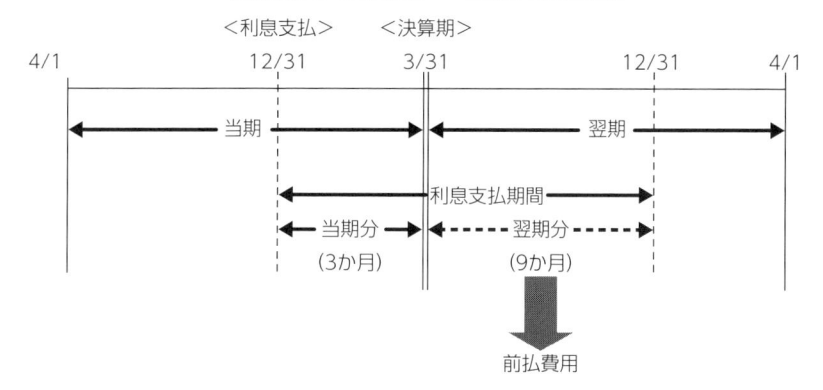

図表 2-16　借入金の支払利息の前払費用

（翌期の分まで支払済み　→　翌期分を前払費用）

図表 2-17　仕訳

①当期 12 月 31 日利息支払時
（借方）支払利息　9,000 万円
　　　　＜費用＞

（貸方）現金　9,000 万円
　　　　＜資産の減少＞

②決算期末 3 月 31 日利息補正時点
（借方）前払費用　6,750 万円
　　　　＜資産＞

（貸方）支払利息　6,750 万円
　　　　＜費用の減少＞

③翌期首 4 月 1 日
（借方）支払利息　6,750 万円
　　　　＜費用＞

（貸方）前払費用　6,750 万円
　　　　＜資産の減少＞

◆ 前払費用は資産

　上記のとおり、支払利息を減額することにより、当期の費用として計上される支払利息は 2,250 万円（9,000 万円− 6,750 万円）となります。この金額は以下の算式で計算した 3 か月分の利息に一致します。

　1 億円× 9% × 3 か月÷ 12 か月 =2,250 万円

　②の仕訳では 6,750 万円が前払費用になります。前払費用は貸借対照表の流動資産に計上されます。前払費用は資産ですが、一般の感覚の資産

とは違います。普通、資産とは土地とか建物のように売れば現金になるものを連想しますが、前払費用は実体のある資産ではなく、他人に売ることもできません。単に費用を翌期に繰り延べるために計上された会計上の資産です。翌期になると、図表 2-17 ③の仕訳で、前払費用を取り崩し、支払利息を費用として認識します。

この例では、前払費用は翌期、すなわち 1 年以内に取り崩します（これを費用化といいます）から、この前払費用は流動資産に計上しています。しかし、1 年を超える借入期間の利息を一括して支払っていたり、1 年を超える保険料の支払を前払で行っていると、費用化は 1 年を超えて行われますから、その場合は長期前払費用として固定資産に計上されます。

◆ 経過勘定

以上、支払利息の前払について説明しましたが、支払利息が後払のこともあります。このときは前払とは逆に当期分の利息を支払っていませんから未払費用という負債を起こして、支払利息の増額補正をします。

また、貸付金のときには受取利息の補正をしますが、ここでもやはり前受けと後受けの 2 パターンがあります。前受けの時には当期としては利息をもらい過ぎですから、前受収益という負債を立てて受取利息を減額します。後受けのときには、当期に本来受け取るべき利息を受け取っていないということですから、未収収益という資産を立てて受取利息を増額します。

ここに出てきた前払費用、未払費用、前受収益、未収収益は資産や負債に計上されますが、土地や建物や借入金のような実体を持ったものではなく、単に適正な損益計算のために経過的に計上され、しかるべき時期が来ればなくなる勘定科目なので、「経過勘定」と呼ばれます。

（4） 減価償却の必要性

減価償却も決算整理の 1 項目です。減価償却によって発生する減価償

却費の動向は極めて重要ですから、決算書を見るときはよく注意してください。

◆ 固定資産の取得価額をいつの費用とするか

　減価償却とは固定資産の費用配分の方法です。機械や建物などの固定資産は、長期にわたって製品の生産などに利用され会社の収益に貢献します。固定資産を取得するときには、キャッシュを支払い購入します。その時点では、取得した固定資産は支払ったキャッシュと同等の価値を持つはずですから、取得価額で貸借対照表に記載されます。そして、収益貢献のために使用されるに伴い徐々に価値が減少し、最後は使用不能となり価値は 0 になります。会社はその固定資産を使って収益をあげているのですから、期間中の適正な利益を計算するためには、固定資産の貢献度を費用として見込む必要があります（**図表 2-18**）。

　たとえば、生産に使うための機械 1 億円を現金で購入したとします。すると、**図表 2-19** ①の仕訳を起こします。この仕訳で分かるとおり、機械取得時点では、現金である資産が減少して、同じ資産である機械が同額増加するに過ぎません。現金という資産と機械という資産の単なる交換ですから、貸借対照表内だけの処理で終わり、損益計算書には影響を与えません。つまり、このまま放っておけば、機械の購入は利益計算とは関係しません。しかし、機械は生産活動を通じて収益獲得のために貢献しているのに、その機械を購入するために支払ったおカネが費用としてカウントされないのでは、その利益計算は不合理です。かといって、機械購入代金を購入時点で一括全額費用とするのも、機械は 1 年だけでなく何年も使用するものですから、正しくありません。そこで、機械購入代金を機械の使用期間にわたって費用配分する必要が出てきます。その費用配分の方法が減価償却であり、それにより発生する費用が減価償却費です。

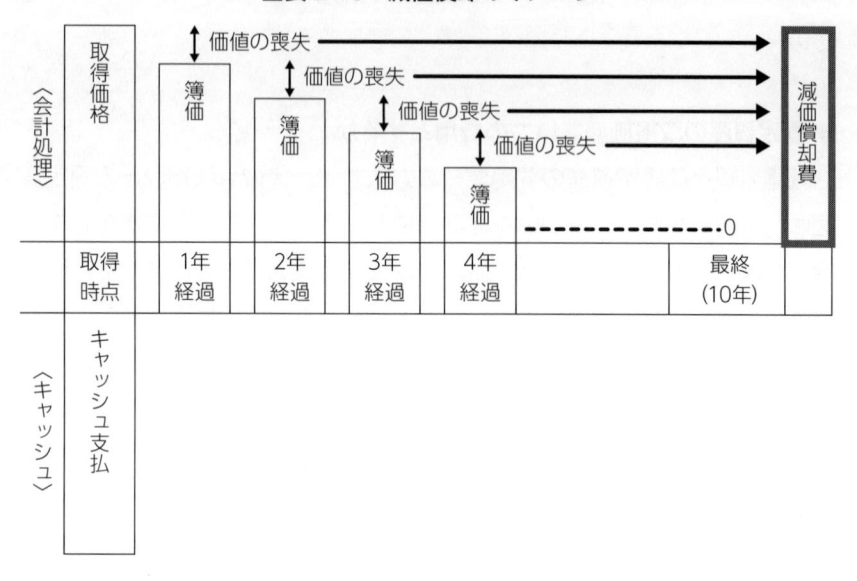

図表 2-18　減価償却のイメージ

図表 2-19　減価償却の仕訳

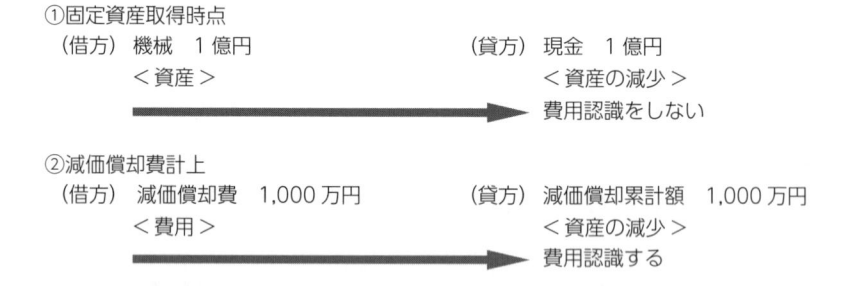

①固定資産取得時点
（借方）機械　1 億円　　　　　　　　　（貸方）現金　1 億円
　　　　＜資産＞　　　　　　　　　　　　　　　　＜資産の減少＞
　　　　　　　　　　　　　　　　　　　　　　　　費用認識をしない

②減価償却費計上
（借方）減価償却費　1,000 万円　　　　（貸方）減価償却累計額　1,000 万円
　　　　＜費用＞　　　　　　　　　　　　　　　　＜資産の減少＞
　　　　　　　　　　　　　　　　　　　　　　　　費用認識する

◆ 収益貢献期間にわたって費用配分

　それでは 1 億円で購入した機械について、減価償却費の計算をしてみましょう。減価償却費の計算にはある一定の前提が必要です。ここでは、この機械は 10 年間にわたって使用可能であり（固定資産の使用可能期間を耐用年数といいます）、10 年間均等に収益獲得のために貢献し、10 年後には廃棄され、なくなってしまうと仮定します。

　すると、各年の貢献金額は 1 億円÷ 10 年 ＝1,000 万円と計算できます。

これが毎年計上される減価償却費です。減価償却費は図表 2-19 ②のよう 形で費用として計上されます。貸方の減価償却累計額は機械の価値が減少 したことを示す勘定科目です。

　貸借対照表では、機械の価額 1 億円から減価償却累計額 1,000 万円 を控除して、実質的な機械の価値は 9,000 万円という形で表示されます。 **図表 2-20** は減価償却 1 年目の貸借対照表です。この減価償却費の計上 を 10 年間にわたって行えば、10 年目の減価償却累計額は 1 億円になり、 機械の取得価額と一致しますから、この機械の貸借対照表価額は 0 にな ります（実務上は、当該機械を実際に廃棄するまでは、備忘価格として 1 円を残しておきます）。

図表 2-20　減価償却の表示（1 年目）

	貸借対照表	（単位：百万円）
資産		
固定資産		
有形固定資産		
機械	100	
減価償却累計額	△ 10	
機械（純額）	90	

◆ **減価償却方法の選択**

　固定資産は実際の収益貢献度を測定することが難しいので、減価償却費 はこのように一定の前提に基づいて計算します。先ほどの例は、毎期定額 を減価償却費とするので定額法といいます。その他に認められた方法と して代表的なものに定率法があります。定率法とは期初の簿価（取得価額 ―減価償却累計額）に毎期一定率を乗じて減価償却費を算出する方法です。 定率法は定額法に比べ、減価償却費が固定資産の使用開始初期に大きく、 経過年数が経つにつれ減少していきます。したがって、定率法を採用すれ ば、固定資産を使い始めの利益は小さくなりますが、その後利益は徐々に 大きくなっていきます。

キャッシュの支払と費用の計上時期が一致する費用は、計上する費用金額は客観的に決められます。しかし、減価償却費はキャッシュの支払と一致しませんから、減価償却費の計算方法の選択が重要になります。

（5）　減価償却の効果

　減価償却は企業の財務面に色々な影響を与えます。そこで、減価償却の効果を会計、税務、キャッシュフローに分けて考えてみます。

◆ 会計的効果

　前述したとおり、減価償却はキャッシュ流出を伴わない費用です（キャッシュは固定資産を取得する段階で既に流出済みであり、減価償却費を計上するときには流出していません）。減価償却では費用計上時期とキャッシュ流出時期が遮断されているので、減価償却費の計算には一定の前提が必要になります。それが、定額法、定率法といった償却方法や耐用年数の選択につながります。そうした前提条件の選択の仕方次第で、減価償却費の金額が変わってきます。減価償却費の金額が変われば、損益計算書上の利益も変動します。これを逆からいえば、減価償却費を恣意的に操作することにより、利益を動かすことができるということになります。

　決算書は銀行などの会社外部の利害関係者に対する成績表ですが、利害関係者に自分の成績をよく見せようとして、減価償却費を抑えれば、利益を多く計上することができます。減価償却費はその金額を机上で操作できるという意味で、とても怖い費用なのです。

　一方、決算書では会社の実態をできるだけ正しく表示してもらわなければなりません。減価償却を恣意的に操作されると、損益計算書の利益ばかりではなく、貸借対照表の固定資産の価格も正しいものにはなりません。ですから、減価償却費は固定資産の実態に即して計算することが強く求められます。ただ、固定資産の減価（価値の減少）を適正に見積もること

は相当に難しいことなので、実務では経営者の恣意的操作を避ける意味で、減価償却方法は当初決めたものをみだりに変更せず、よほどのことがない限り、継続して適用することが定められています。

◆ 税務的効果

　減価償却費はキャッシュ流出を伴いませんから、減価償却費をいくらにしようが、決算書上の利益が変わるだけで、企業実態は同じです。減価償却費を大きくすれば帳簿上の利益が減少し、少なければ利益が増加するに過ぎず、企業の実態には何の影響もありません。しかし、減価償却費は間接的にキャッシュの変動を導きます。それは税金があるからです。税金というキャッシュの変動を通じて企業実態に影響を与えるのです。

　減価償却費は税務においても費用（税務上は損金といいます）として認められます。減価償却費を大きく計上して利益（税務では所得）を抑えれば、税金を少なくできますし、減価償却費を少なくして利益を大きくすると税金が多くなります。税金はキャッシュで支払いますから、そこで企業実態に影響を与えることになります。

　会計的には減価償却費を多くしても利益が減るだけですが、税務的には減価償却費が多ければ税金のキャッシュアウトが抑えられるというメリットがあるのです。企業経営の大きな目的はキャッシュフローの最大化です。税金は重要なキャッシュアウト項目ですから、それを極小化することは経営の本筋です。そのため、減価償却費では税制の規定が極めて重要な役割を持つのです。税制では各固定資産について減価償却費として損金算入できる上限を決めています。したがって、実務では税制上の損金算入限度額一杯まで減価償却費を計上することが一般的です。

　上記のように、税務上の所得が黒字の会社はできるだけ節税メリットを得ようとして、税制上の損金算入限度額まで減価償却費を計上するのが合理的です。しかし、減価償却前の所得が赤字の会社は減価償却費を計上したところで、赤字幅が拡大するだけで、節税メリットが生じません。つま

り、赤字会社は減価償却の最大のメリットである税金の節減という恩典を受けられないため、ややもすると減価償却を抑え目にしたいという誘惑に引き込まれます。そのため、業績の悪い会社の減価償却費には特に注意が必要です。

◆ キャッシュフロー的効果

減価償却はキャッシュフローの算定においても重要な役割を演じます。企業経営ではキャッシュフローが重要です。そこで、上場企業ではキャッシュフロー計算書の作成が義務づけられており、それを見ればキャッシュの生成過程や利用状況が分かるようになっています。しかし、非上場企業ではキャッシュフロー計算書がないので、企業のキャッシュフローの状況を把握できません。そこで、非上場企業ではキャッシュがどれだけ生まれたかを損益計算書から推計するのが一般的です。

損益計算書では収益と費用の差額として利益を表示しています。収益とキャッシュイン、費用とキャッシュアウトが厳密に一致していれば、損益計算書の当期純利益がその年に生まれたキャッシュになります。しかし、当然のことながら、収益・費用はキャッシュの流入・流出と厳密に対応していません。収益・費用とキャッシュの流出入の整合性は会社外部からでは正確に判別することができません。ただ、会社外部の人間でも両者の相違を明確に識別できる項目があります。それが減価償却費です。

減価償却費があれば、その分は損益計算書では費用計上され、利益から控除されていますが、キャッシュフローとしてはキャッシュ流出していないと判断できます。そこで、減価償却費以外の損益はキャッシュの流出入が伴っているものと仮定すると、当期のキャッシュの増加額は収益と費用の差額である当期純利益に減価償却費を加えたものと考えることができます。とても大雑把な推計にはなりますが、当期純利益＋減価償却費を当期のキャッシュ生成額と想定するのです。銀行などでは、この金額を借入金の返済財源の一応の目安としています（**図表 2-21**）。

図表 2-21　損益計算書から推定する返済財源

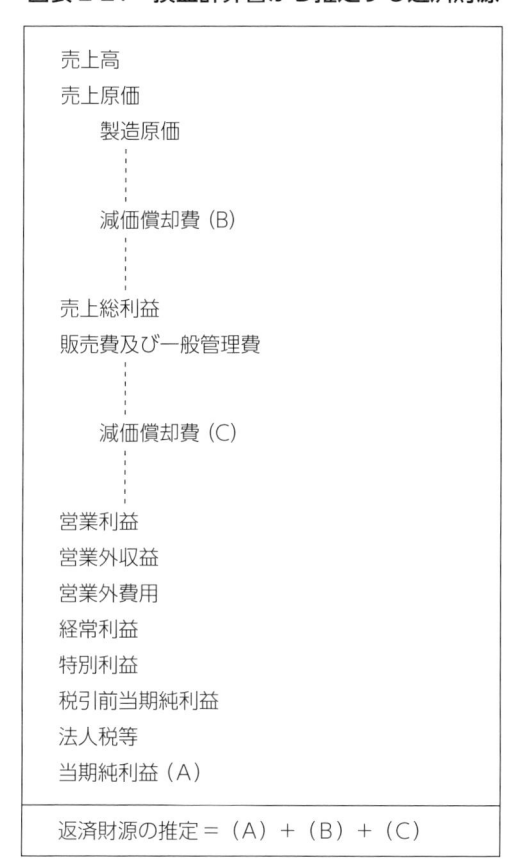

売上高
売上原価
　　製造原価

　　減価償却費（B）

売上総利益
販売費及び一般管理費

　　減価償却費（C）

営業利益
営業外収益
営業外費用
経常利益
特別利益
税引前当期純利益
法人税等
当期純利益（A）

返済財源の推定 ＝（A）＋（B）＋（C）

（6）引当金

　「引き当てる」という言葉は一般的には、「将来発生するだろう支出に備えて、現金を準備しておく」という意味で用いられますが、会計での使い方はやや異なります。会計では、「将来発生するだろう支出に対して、あらかじめ費用処理する」ときに「引当金」が発生します。

　引当金が重要なのは、減価償却と同様に、キャッシュ支払と会計上の費用計上がずれるからです。その点に着目しながら、引当金を見ていきましょう。

◆ 将来予想される損失

　引当金も減価償却と同様に適正な利益計算のために必要とされるものです。ただ、減価償却は過去にキャッシュ流出した固定資産取得額を、将来にわたって規則的に費用配分するものであるのに対し、引当金は将来かなりの高い確率で発生すると予想される損失にあらかじめ備えるためのものです。

　引当金は将来発生すると予想される損失に先立って、当期に費用処理するときに発生します。将来発生すると予想される損失は、キャッシュ流出がいつあるかという観点から 2 つに分けられます。

◆ 評価性引当金

　1 つは、キャッシュは既に過去に出ていて、その金額は資産に計上されているのだが、資産の回収が予定とおりにいかないために損失発生が予想されるものです（**図表 2-22**）。たとえば、資産として計上されている貸出金はキャッシュとしては既に流出済みです。貸出金は期日にはキャッシュで回収されなければなりません。ところが、その貸出先の業況が思わしくなく、将来貸出金の回収が額面どおりできないと予想されることがあります。回収が当初貸出額を下回れば、回収額と貸出額との差額が損失になります。しかし、その原因である貸出先の業況悪化は当期に発生しているのですから、損失予想額について当期に貸倒引当金を設定します。仕訳では、借方は貸倒引当金繰入という損益計算書の費用、貸方は貸倒引当金となり

図表 2-22　評価性引当金（貸倒引当金）

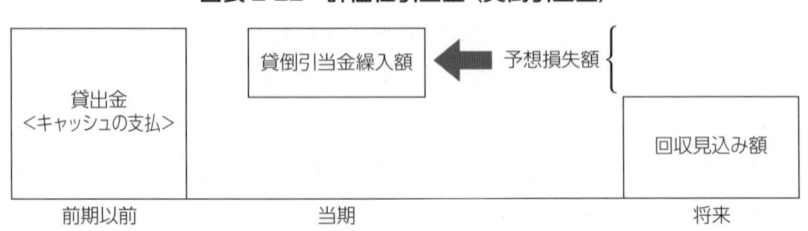

ます（**図表 2-23**）。

　貸倒引当金は資産としての貸出金の評価を引き下げるものですから「評価性引当金」といいます。評価性引当金は貸借対照表では資産の控除項目として表示されます。

図表 2-23　貸倒引当金の仕訳

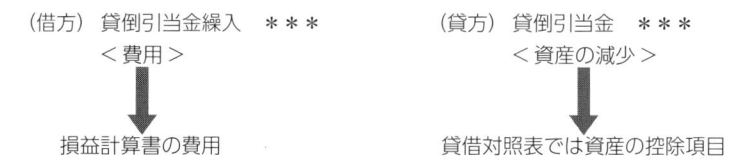

（借方）貸倒引当金繰入　＊＊＊　　　　（貸方）貸倒引当金　＊＊＊
　　　　＜費用＞　　　　　　　　　　　　　　　＜資産の減少＞

損益計算書の費用　　　　　　　　　貸借対照表では資産の控除項目

◆ 負債性引当金

　もう 1 つはキャッシュがこれから発生することに備える引当金があります。たとえば、退職給付引当金です（**図表 2-24**）。従業員の退職金は、キャッシュとしての流出は将来ですが、退職金の発生原因は当期の労働にあります。当期の労働により、当期の収益が計上できているのですから、当期の労働に見合う退職金部分は当期に計上しなければ適正な損益計算はできません。

　図表 2-25 で退職給付引当金の仕訳を見てみます。たとえば、退職金規定で 10 年勤務すれば 1,000 万円の退職金がもらえると計算される従業員がいたとします。実際の退職金支払は退職時点ですが、退職金支払の原因となる労働は当期に発生し、それが当期の収益に貢献しているのですから、退職金の当期分 100 万円（1,000 万円 ÷ 10 年）を費用として見込みます。それが①の仕訳です。借方で退職給付引当金繰入という費用を立てます。貸方の退職給付引当金は負債として累積していきます。この仕訳を10 年継続すると、退職給付引当金は 1,000 万円になります。そこで、実際の退職金支払時点では、この負債にある 1,000 万円の退職給付引当金を取り崩して、従業員に退職金を支払います。それが②の仕訳です。このときには現金は出ていきますが、費用としては既に処理済みであることか

ら、損益には影響しません。

　退職給付引当金は将来債務に備えるものであり、「負債性引当金」の一種です。負債性引当金は評価性引当金とは違い、貸借対照表では負債に計上されます。

図表 2-24　負債性引当金（退職給付引当金）

図表 2-25　退職給付引当金の仕訳
〜 10 年勤続 1,000 万円の退職金支払〜

①退職給付引当金繰入
　（借方）退職給付引当金繰入　100 万円　　　（貸方）退職給付引当金　100 万円
　　　　　＜費用＞　　　　　　　　　　　　　　　　　＜費用＞

　　　　損益計算書の費用　　　　　　　　　　　　貸借対照表では負債

②退職金支払
　（借方）退職給付引当金　1,000 万円　　　　（貸方）現金　1,000 万円
　　　　　＜負債の減少＞　　　　　　　　　　　　　＜資産の減少＞

◆ キャッシュの流出

　引当金におけるキャッシュ流出は、当期と将来の 2 つの観点から見ることができます。

　まず、引当金を計上した当期においては、評価性引当金も負債性引当金もキャッシュは流出していません。したがって、引当金繰入を損益計算書で計上すれば、当期純利益は減少しますが、その分のキャッシュは流出しておらず、会社内部に留保されています。それは借入金等の返済財源と考えることができます。

　次に、将来についてはキャッシュ流出する場合としない場合があります。

それは評価性引当金と負債性引当金で異なります。評価性引当金である貸倒引当金は既にキャッシュとして流出した貸出金の回収が当初見込んでいたものより減少することに備えるものですから、これからキャッシュが流出することはありません。一方、負債性引当金である退職給付引当金は将来の退職金支払に備えるためのものですから、キャッシュが流出します。こうした場合は、将来のキャッシュ流出に備えて、支払資金を確保しておく必要があります。

決算書の完成

第3章

1. 損益計算書と貸借対照表

　日々の取引の記録と決算整理が終わると、いよいよ決算書の中核である損益計算書と貸借対照表の作成に入ります。実際の決算書の作成は細かい複雑な作業が必要になりますが、ここでは決算書の作成について概念的に説明します。日々の取引記録である仕訳から、どのように損益計算書と貸借対照表ができ上がってくるのかを理解してください。

◆ 期中の記録と決算整理

　損益計算書と貸借対照表の基礎資料は期中の取引仕訳です。期中においては取引があるたびに取引内容を仕訳で記録します（**図表 3-1**）。①は10,000 の掛け売上があったときの仕訳であり、②は 5,000 の掛け仕入の仕訳です。ビジネスには色々な取引がありますが、それぞれの取引ごとにこうした仕訳が起こります。

　しかし、日常の取引だけでは損益計算書と貸借対照表はできません。日常の取引は日々連続し永遠に継続しますが、決算期は 1 年と人為的に確定させます。永遠に継続する事業を、1 年という人工的な期間の経営成績として表現するためには、特別の作業が必要になります。それが決算整理です。決算整理の事例を**図表 3-2** に掲げます。

　③は支払利息の補正です。借入金に伴う支払利息を 1 年間分前払すると、次期に負担すべきものまで今期に支払っていますので、その分は前払利息として当期の支払利息から控除します。④は減価償却費の計上です。建物や機械などの資産は長期間使用して収益に貢献しますから、当期の収益貢献分を減価償却費として費用計上します。

　期中記録や決算整理の仕訳は複式簿記により記帳されています。複式簿記は単なる記録ではありません。それぞれの取引ごとの仕訳の借方と貸方に、適切な勘定科目を当てはめることにより、この取引は当期の利益を構

成するものか、あるいは当期の利益とは関係ないものかを認識しているのです。前に説明したように、当期の利益にプラスの影響をもたらすものを収益、マイナスの影響を与えるものを費用とします。そして、当期の収益・費用ではなく、次期以降の将来の利益計算に関係するものが資産・負債となります（図表 3-1、図表 3-2 の勘定科目の下に記載）。

図表 3-1　期中取引の仕訳

①掛け売上
（借方）売掛金　10,000　　　　　　　（貸方）売上　10,000
　　　　＜資産＞　　　　　　　　　　　　　　　＜収益＞

②掛け仕入
（借方）仕入　5,000　　　　　　　　　（貸方）買掛金　5,000
　　　　＜費用＞　　　　　　　　　　　　　　　＜負債＞

図表 3-2　決算整理の仕訳

③支払利息の修正
（借方）前払利息　500　　　　　　　　（貸方）支払利息　500
　　　　＜資産＞　　　　　　　　　　　　　　　＜費用の減少＞

④減価償却費の計上
（借方）減価償却費　800　　　　　　　（貸方）減価償却累計額　800
　　　　＜費用＞　　　　　　　　　　　　　　　＜資産の減少＞

◆ 仕訳をバラバラに分解して同一項目を集計

　この日常の取引記録と決算整理を複式簿記で記録することが、損益計算書と貸借対照表作成の大前提です。この複式簿記の記録を集計することにより、損益計算書と貸借対照表を作成します。以下の**図表 3-3** で仕訳から損益計算書と貸借対照表ができるまでを説明します。

　図表 3-3 の左側の仕訳の段階では、複式簿記ですから、1 つの取引についての借方と貸方が勘定科目をつけて、一対で分かち難く結びついています。これを集計するには、この借方と貸方の結束を解きほぐす必要があります。集計する段には、仕訳の原因となった取引のことはまったく忘れ、

借方と貸方を完全に分離し、勘定科目ごとに寄せ集めます。それが図表3-3 の真ん中の精算表です。

◆ 収益と費用、資産と負債と純資産を分離する

　精算表の段階では資産、負債、純資産、収益、費用が一緒になって集計されていますから、このままでは利益を算定することはできません。ただ、精算表の借方には資産と費用が、貸方には負債と純資産と収益が集計されています。

　ここから、当期の利益を算定するためには、仕訳において利益計算を構成するものとして認識した収益と費用を取り出さなければなりません。図表3-3 の右側の上段が損益計算書で、精算表から収益と費用だけを抜き出したものになります。損益計算書において収益から費用を控除して当期の利益を算定します。ここで算定された利益は当期に稼いだ純粋な余剰としての利益ですから、処分可能なものということになります。つまり、配当として処分できる利益です。損益計算書は利益を算定し完了ですから、

図表 3-3　損益計算書と貸借対照表の作成

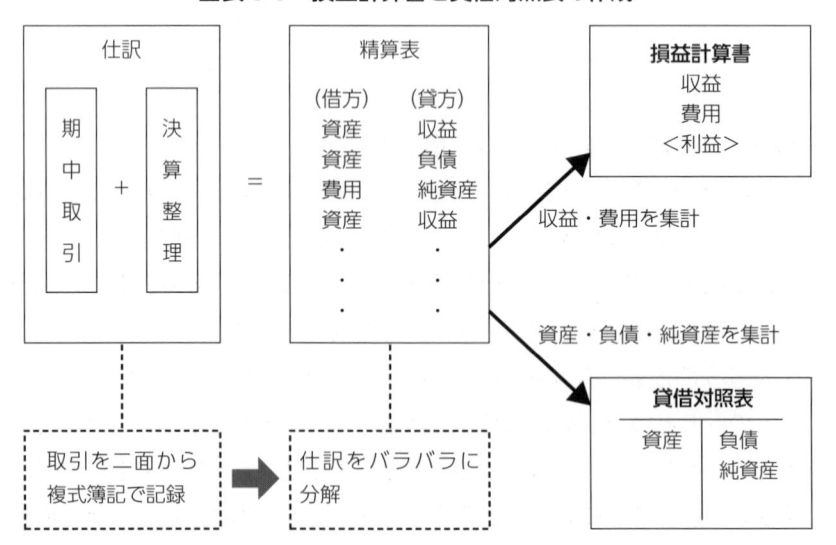

翌期以降に繰り越されることはありません。

　そして、当期の利益計算から除外された資産、負債、純資産を集計した
ものが貸借対照表になります。資産・負債は来期以降の利益計算に影響す
るものとして繰り越されます。そして、純資産は資産・負債の差額であり、
当期末時点の会社の財産ということになります。

2. 決算書の内容

　前項までは、決算書はなぜ必要なのか、決算書はどのようにでき上がってくるのかという、決算書の成り立ちの部分について説明してきました。ここからは決算書の内容について説明します。

　決算書とは会社の財政状態や経営成績を株主や債権者をはじめとする利害関係者に報告する書類です。決算書の中核はいうまでもなく損益計算書と貸借対照表ですが、決算書を構成する書類はそれ以外にもあります。そのどれを決算書とするかは利用する利害関係者の目的に応じて変わるといえますが、最大公約数としては以下の4種類になります。

　①損益計算書
　②貸借対照表
　③株主資本等変動計算書
　④キャッシュフロー計算書

　上記の4つを財務4表といいます。財務3表というときは、③の株主資本等変動計算書を除く3つです。

◆ 財務4表とは

　それぞれの書類は以下のような内容になります。

①損益計算書（P/L）

　損益計算書は英語では Profit and Loss Statement であり、略して表示するときは P/L とされます。

　損益計算書とは期間中（1年間）にどれだけ儲けたかを表示する計算書です。1年間にどれだけ収益があり、その収益をあげるためにどれだけの

費用がかかり、その結果としていくらの利益があったのかを示します。

②貸借対照表 (B/S)

　貸借対照表は英語では Balance Sheet であり、略すときは B/S と表示されます。

　貸借対照表は決算期末時点の株主財産（純資産）の内容を表示します。期末時点で会社の資産がどれくらいあり、それに対し負債がどれくらいあり、その結果として資産と負債の差額である株主財産としての純資産の金額を示します。

③株主資本等変動計算書

　決算書の主たる目的は株主に対して株主財産を報告することです。株主財産は貸借対照表の純資産を見れば分かりますが、それは期末だけの結果に過ぎません。株主の財産である純資産が期中にどのように動いて貸借対照表の期末残高になったのかを示すものが株主資本等変動計算書です。

④キャッシュフロー計算書 (キャッシュフロー)

　キャッシュフロー計算書は英語では Cash Flow Statement であり、略すときは C/F と表示されます。

　キャッシュは企業活動にとって極めて重要です。しかし、事業を継続している企業においてはキャッシュと利益は一致しません。利益は損益計算書を見れば分かりますが、キャッシュの動きは分かりません。そこで、期中キャッシュをどのように獲得し、それを何に使い、その結果としてキャッシュ残高がどうなったかを示す計算書が必要になります。それがキャッシュフロー計算書です。

◆ 非上場企業と上場企業の違い

　決算書の構成は会社法だけが適用される非上場会社と、会社法だけでな

く金融商品取引法の適用も受ける上場会社で違ってきます。

　すべての会社に適用される会社法では決算書として、貸借対照表、損益計算書、株主資本等変動計算書の作成が法定されています。したがって、すべての会社は最低限この3つの計算書は作成しなければなりません。

　これに対し、上場会社を中心とする有価証券報告書提出会社は、上記3表に加え、キャッシュフロー計算書も作成することが金融商品取引法で求められています。これは会社の内容を正確に把握するためには、キャッシュの動きを理解することが不可欠だということから定められた規定です。キャッシュの動きが重要だということは、どんな会社でも変わりませんから、キャッシュフロー計算書を作成していない会社においても、資金運用表などの代替の書類を作成し、キャッシュの動きを見ていくことが必要です。

　ここから、キャッシュフロー計算書を含めた財務4表がどのように相互に関連しているのかを解説していきます。決算書の相互関連性をつかんでおくことは、決算書を正しく分析するための基礎となります。

◆ 包括利益計算書

　なお、国際会計基準との整合性を図るために、新たな利益概念として「包括利益」が導入されたことに伴い、上場会社の連結財務諸表には、上記財務4表に加え、包括利益計算書の作成が必要になります。包括利益とは当期純利益に時価評価される資産などの評価損益を加減したものです。

　包括利益は連結財務諸表においてのみ表示され、個別決算書では表示されません。包括利益の表示には、当期純利益を表示する「損益計算書」と包括利益を表示する「包括利益計算書」からなる2計算書様式と、当期純利益と包括利益を1つの計算書である「損益及び包括利益計算書」に表示する1計算書様式があります。大多数の会社は2計算書様式を採用しています。

図表 3-4　決算書の内容

損益計算書…稼ぐ力を表示

貸借対照表…期末時点の資産と負債と純資産の内容を表示

株主資本変動計算書…株主資本の動きを表示

キャッシュフロー計算書…キャッシュの動きを表示

包括利益計算書（連結のみ）…時価評価資産の評価損益を表示

すべての会社

上場会社

3. 決算書の相互関係

財務4表はそれぞれ独立して存在しているのではありません。財務4表がどのように連関しているのかを理解することが重要です。

（1） 貸借対照表と損益計算書の相互関係

決算書の中心は損益計算書と貸借対照表です。財務4表全体について説明する前に、まず、この両者の関係を整理しておきます（**図表 3-5**）。

図表 3-5　貸借対照表と損益計算書の関係

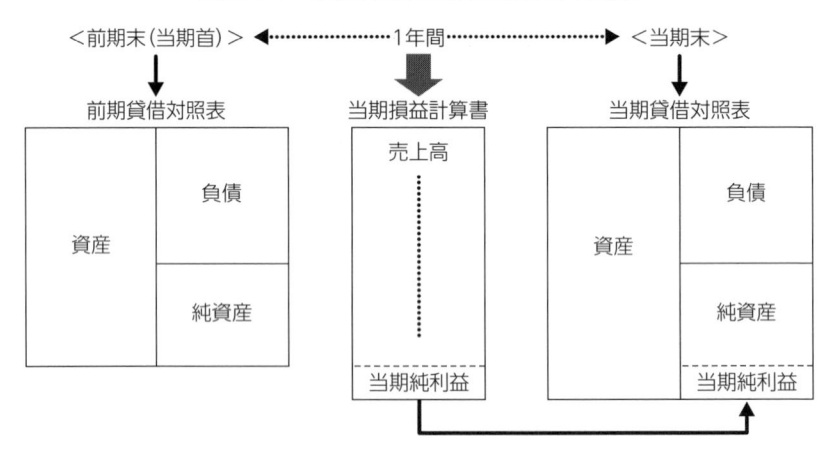

◆ 貸借対照表で株主財産の結果を表示

経営者が株主から最初に預かった財産をどれだけ増やしたかを表示するのが、決算書の最大の目的です。貸借対照表は株主財産の結果を表現します。貸借対照表において、資産から負債を引いたものが株主財産としての純資産です（株主財産と純資産の関係は後述します）。したがって、期首の貸借対照表と期末の貸借対照表を比較すれば、純資産の結果としての増

減額は分かります。しかし、報告を受ける株主としては結果だけでは満足できません。なぜ増えたのか、なぜ減ったのかの、結果に至る過程が重要です。それを説明するのが損益計算書です。

◆ 損益計算書は事業活動の成果を示す

損益計算書は事業成績の結果です。「1 年間事業を行った結果、収益がこれだけあり、その収益を得るために費用をこれだけ使い、その差額としての利益がこれだけでした」という報告です。その利益が会社の事業活動の結果としての儲けです。原則的に損益計算書の最終の経営成績である当期純利益分だけ貸借対照表の純資産が増加します。

◆ 前期の貸借対照表と当期の貸借対照表をつなぐ損益計算書

貸借対照表は期末現在の財産の状態、つまりストックの状態を示しています。損益計算書は当期首（前期末）から当期末までの営業成績、つまりフローの累積の数値です。当期の損益計算書は前期の貸借対照表と当期の貸借対照表をつなぐ役割を負っています。つまり、「前期末（＝当期首）の貸借対照表を出発点として当期の事業活動を行ったところ、当期は損益計算書の示すような成績になり、このような利益をおさめ、当期末の貸借対照表はこのようになりました。その結果、期首に株主から預かった株主財産は当期純利益分だけ増加し、期末の貸借対照表のようになりました。」ということをいっているわけです。

（2）　財務 4 表の相互関係

さらに一歩進んで、決算書全部の相互関係をまとめたものが**図表 3-6**です。この図をよく見て、損益計算書、貸借対照表、キャッシュフロー計算書、株主資本等変動計算書の関係及びそれぞれの特徴を把握してください。

図表 3-6 　財務 4 表の相互関係

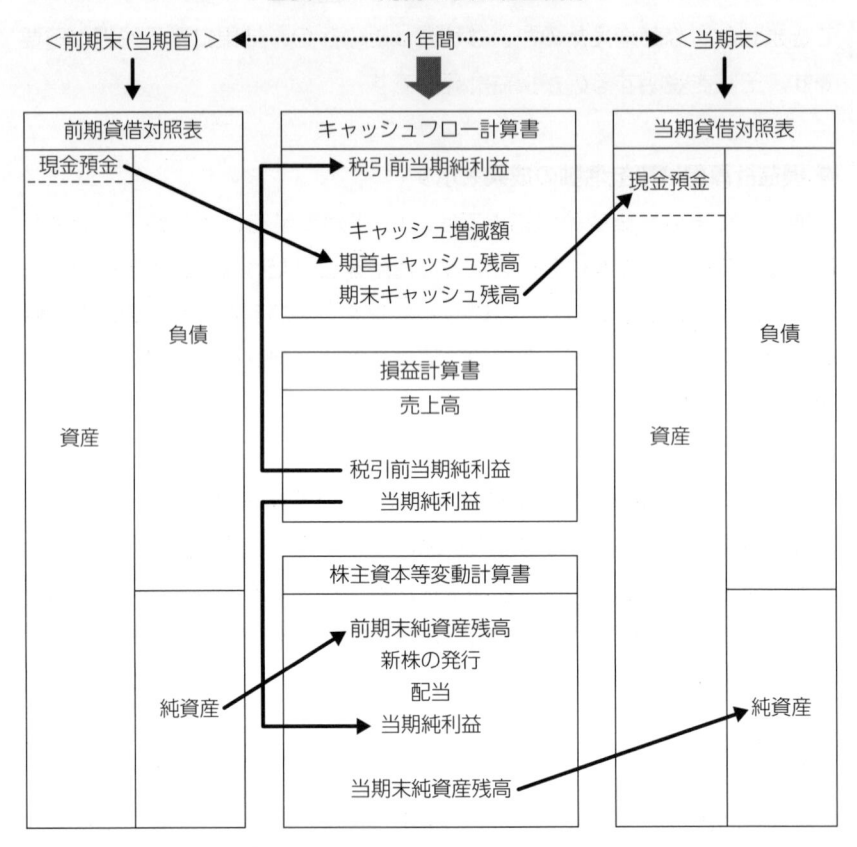

◆ 株主資本等変動計算書

　図表 3-5 で損益計算書の当期純利益は貸借対照表の純資産の増加に直接つながる図を掲示しました。純資産変動の最大要因は損益計算書の当期純利益ですから、貸借対照表と損益計算書だけを考える場合には、概念的にはそのように理解していただいて構いません。しかし、実際の決算書では貸借対照表と損益計算書が損益計算書の当期純利益を媒介として直結しているわけではありません。両者の間に株主資本等変動計算書が介在するのです（図表 3-6）。

　株主資本等変動計算書は純資産の前期末残高を最上段に当期末残高を最下段に表示しますから、それは前期末の貸借対照表と当期末の貸借対照表の純資産残高と一致します。純資産残高が前期末から当期末に変動する要因は色々あるのですが、その 1 つに当期の事業成績としての損益計算書の当期純利益があります。株主資本等変動計算書から見れば、当期純利益は純資産の変動要因の 1 つに過ぎません。ただ、変動要因の 1 つではありますが、変動要因の中で最も重要性が高い当期純利益を詳しく説明するものとして損益計算書が存在します。

◆ キャッシュフロー計算書

　会社の経営では損益だけではなくキャッシュも重要です。そのキャッシュの状況を説明するのがキャッシュフロー計算書です。キャッシュフロー計算書にはキャッシュの期首残高と期末残高が表示されています。キャッシュ期首残高は前期貸借対照表の期末残高に、キャッシュ期末残高は当期貸借対照表の期末残高につながります。

　キャッシュフロー計算書で最も重要な情報はキャッシュ創造能力です。キャッシュ創造能力のベースは事業成績の結果としての利益です。しかし、利益はキャッシュベースで計算されているわけではありませんので、利益とキャッシュの増減は一致しません。キャッシュフロー計算書では損益計算書の税引前当期純利益をベースにして、利益とキャッシュの違いを調整して、当期のキャッシュ増減額を計算します。前期末（当期首）貸借対照表の現金預金残高にキャッシュフロー計算書で計算したキャッシュ増減額を加えたものが当期末の現金預金残高になります。

◆ 財務 4 表のまとめ

　今まで述べてきたことをまとめると、以下のようになります。

　決算書は株主財産の報告が第一の目的ですから、貸借対照表の純資産の表示が重要です。貸借対照表は資産と負債の差額として純資産を表示しま

す。ただ、貸借対照表は期末日時点の状況を表示しているだけですから、結果としての純資産の残高しか分かりません。そこで、純資産がどういう要因で変化したのかを示すものとして株主資本等変動計算書があります。純資産の変動要因として最も重要なのは会社が営業活動により稼いだ利益ですから、それを説明するものとして損益計算書があります。また、会社が活動をしていく上では、現金預金の存在が重要です。現金預金の増減の内容を表示するのがキャッシュフロー計算書です。キャッシュフロー計算書は損益計算書の税引前当期純利益を出発点に作成されます。

このように貸借対照表は決算日現在における資産・負債・純資産の状況を表示するものです。その中の最重要項目である純資産とキャッシュの動きを前期末・当期末と比べて詳細に説明するものとして株主資本等変動計算書とキャッシュフロー計算書があります。純資産とキャッシュの変動要因の最大のものは事業活動の結果としての利益であり、それを説明するものとして損益計算書があるということになります。

貸借対照表

第4章

1. 貸借対照表の全体構造

貸借対照表は**図表4-1**のように表示されます。貸借対照表には資産・負債、そしてその差額としての純資産が記載されます。

図表 4-1　貸借対照表

借方	内容	貸方	内容
資産	・売ればキャッシュになるもの ・将来の収益に貢献する財産 ・損益の調整項目	負債	・株主以外からの資金調達 ・返済しなければならないもの ・損益の調整項目
		純資産	・株主の財産 ・返済不要の資金 ・資産 - 負債 ＞0…資産超過 ・資産 - 負債 ＜0…債務超過

◆ 資産・負債には損益の調整項目もある

資産・負債というと日常の感覚からすれば、資産は土地や有価証券のように売ればキャッシュになる財産、負債は借入金などのキャッシュで返済しなければいけない契約が頭に浮かびます。無論、これらは資産・負債の代表的なものであることは間違いありません。しかし、会計における資産・負債はそれにとどまらず、もう少し広い内容を包含します。

資産・負債には決算整理のところで説明した前払費用、前受収益、引当金といった科目も含まれます。それは損益計算書において、正確な損益計算をするためにキャッシュフローと損益を調整するためのものです。損益計算の方法は経済情勢の変化に応じて進化しており、繰延税金資産（負債）や新しい引当金などが出現します。こうした日常感覚と離れた勘定科目が初心者に決算書を分かりにくくさせている要因になっているかと思います。ただ、損益の調整項目であるからこそ、会社の損益計算方法の特徴の把握や、会社の将来の損益を見通す上で役に立つものになります。そうしたことか

ら、損益の調整項目は決算書理解の 1 つのポイントともいえます。

◆ 借方が資産、貸方が負債と純資産

　貸借対照表は複式簿記の原則に沿って左右対称に表示されます。借方には資産が表示されます。資産の代表はいうまでもなく現金です。個人であれば資産として現金を多く持つほど評価されます。それは個人が最終消費者として消費のみを行う主体だからです。しかし、会社は最終消費者の側面もありますが、それよりも今後収益を上げていかなければならない投資主体としての性格が強いです。現金を所有しているだけでは収益を生みませんから、現金を色々な収益を生む形に変えて所有しています。それが資産です。会社は最も効率的に収益を生じるように資産を保有します。資産とは資金をどのような形で運用しているかを示しており、将来の収益に貢献する財産です。

　一方、貸方には負債と純資産が表示され、資金の調達方法を示しています。負債は株主以外の会社外部の者から調達している借財であり、返済しなければなりません。純資産は資産から負債を控除したもので、主に株主の財産になります。株主は会社のオーナーですから、純資産は返済の必要のない資金調達になります。

　資産のほうが負債より多いのが普通の状態ですから、純資産は貸方になります。しかし、会社の状況が悪化して負債が資産を超えると、債務超過になり、純資産は借方に出てきます（貸借対照表ではマイナスの純資産として表示されます）。

2. 資産と資本の違い

上述したように、貸借対照表の借方は資金の運用形態を、貸方は資金の調達方法を表示しています。その違いを明確に示す言葉が「資産」と「資本」です。

資産と資本は経済用語としてもよく出てきますが、その使い方は厳密に区別されていない面があるように思われます。経済用語として厳密に区別されずに、頻繁に使われることもあり、会計においても資産と資本が混同されて使用されるケースが見受けられます。しかし、会計ではこの2つの言葉は厳密に使い分けられており、決算書を理解する上でも両者の言葉の理解を正確にしておくことは重要なので、資産と資本の会計上の定義について整理しておきます。

◆ 資金の運用が資産、資金の調達が資本

会計では、資金の運用の仕方を資産、資金の調達方法を（広義の）資本といいます。つまり、資産とは資金をどのように使っているかを表示し、資本とは資金をどこから持ってきたかということを示しています（**図表4-2**）。

貸借対照表の借方で表示する資金の運用方法は資産勘定だけです。しかし、貸方で表示する資金の調達方法である資本は性格の相違により、自己資本と他人資本の2つに分けて表示されます。自己資本は会社のオーナーである株主からの調達であり、他人資本とは会社外部の債権者からの資金調達になります。後でも説明しますが、この自己資本と他人資本の区別は重要です。ただ、決算書では自己資本、他人資本という言葉は使いません。決算書では自己資本のことを純資産といい、他人資本のことを負債と呼びます。

図表 4-2　他人資本と自己資本

貸借対照表

（借方）	（貸方）
資産	他人資本 （負債）
	自己資本 （純資産）

総資産 ＝ 総資本

資金がどのように使われているか　　　　　資金をどのように調達したか

◆ 資金の入口から見た資本、資金の出口から見た資産

　資産と資本という言葉は会計ではこのように明確に使い分けられますが、この両者は往々にして混同されます。というのは言葉が一時違いで似ているということの他に、複式簿記特有の事情もあります。複式簿記では貸借は必ず一致しますから、貸借対照表の借方と貸方は同じ金額になります。借方である総資産と貸方の総資本（他人資本＋自己資本）は常に一致します。総資産と総資本は同じ金額になりますから、総体で議論している限り結果に違いはありません（たとえば、総資産利益率と総資本利益率はその意味するところは違いますが、結果は同じになります）。そのため、両者の違いを曖昧なまま使っていても何となく話は通じてしまうのです。

　資産と資本は、資金を違う角度から観察した結果です（**図表 4-3**）。資本は資金を入口から見たものであり、資産は出口から見ています。資金を入口から見るのと出口から見るのとでは、その見え方はまったく違います。ただ、どこから見ても資金そのものの量は変わりませんので、総資産＝総資本となります。

図表 4-3　資産と資本は資金を別角度から見たもの

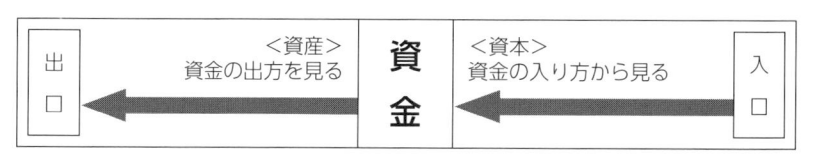

3．資産の種類

一口に資産といいますが、資産にも色々な性格の違いがあります。そうした性格の違いを無視して、すべての資産を一括りにとらえていては、企業の財務内容を正確につかむことはできません。そこで、個々の資産の性格の違いをいくつかの角度から分析してみたいと考えます。

（1）キャッシュか費用か

ここでは、資産がキャッシュに変わるかどうかという視点で資産を分析します。

◆ 現金になるか費用になるか

皆さんは、資産は最終的には必ずキャッシュになるだろうと思われるかもしれません。しかし、資産にはキャッシュにはならず費用になるものもあることに注意しなければなりません（**図表 4-4**）。

図表 4-4　キャッシュになる資産と費用になる資産

将来、キャッシュになる資産	（現金）、売掛金、たな卸資産、有価証券、未収収益等
将来、費用になる資産	前払費用、減価償却資産、繰延資産、繰延税金資産等

企業経営ではキャッシュが非常に重要です。事業成績がどんなに赤字であってもキャッシュさえあれば債務は払えますから、倒産することはありませんし、設備投資もキャッシュがなければできません。貸借対照表の資産を見るとき、キャッシュという観点で見ることが極めて大切です。

◆ キャッシュに変わる資産

　資産とは、普通の感覚では売却可能な財産を思い浮かべます。現金、預金の他に株式や債券などの有価証券あるいは土地などの不動産があります。現金、預金はキャッシュそのものですし、有価証券や不動産は売却することによりキャッシュに変換することが可能ですから、こうした資産は一般の消費者の感覚に近い資産だといえます。

　会社は消費者ではなく事業を行っていますから、事業活動に伴って必然的に発生する資産もあります。たとえば、商品を販売しても販売代金はすぐにキャッシュとして入金するわけではありません。商品を販売すると得意先からキャッシュを受け取る権利が発生します。それが売掛金や受取手形です。また、お客に販売する商品はあらかじめ仕入れておかなければなりません。製造業であれば製品を作るための原材料なども事前に購入しておかなければなりませんし、製造途中の製品や完成品もあります。こうした販売するための製品や商品、仕掛品も資産であり、たな卸資産（在庫）と呼びます。在庫は事業が円滑に回転している限り、必ずキャッシュとして戻ってきます。

　注意しなければならないのは、事業がうまくいかなくなったときです。売れると思って仕入れた商品が売れなかった場合は、その在庫はキャッシュにはなりません。また、キャッシュとして回収できると予定していた受取手形や売掛金が、相手先の倒産などで回収できなくなることもあります。後で述べるように、キャッシュとして回収できなくなった資産は、不本意ながら費用として処理しなければなりません。

　そうした例外はありますが、これらの資産は取得段階ではいずれもキャッシュとなることが期待されている資産です。

◆ 費用になる資産

　上記のキャッシュに変わる資産は実物資産としての実感がありますから理解しやすいものです。しかし、企業会計には売ることもできないし、将

来キャッシュが入って来ない資産もあります。それは損益を適正に計算するために生じた資産です。

たとえば、10年間分の保険料200を前払したとします（**図表4-5**）。会計の大切な役割は期間損益計算を適正に行うことです。保険サービスは今後10年間にわたって受けるのですから、①の仕訳で保険料200をキャッシュで10年間分当期に支払ったとしても、10年分の保険料全額を当期の費用とするわけにはいきません。当期に保険サービスを受ける1年分の20だけを当期の費用として、残りの9年分180は来期以降の費用としなければなりません。そのため、9年間分の費用は長期前払費用という資産として費用を繰り延べます（②の仕訳）。そして、これから9年間にわたり長期前払費用を取り崩しながら、損益計算書に費用として支払保険料を計上していきます（③の仕訳）。したがって、この長期前払費用は資産ですが、売却できたり、キャッシュが入ってくる性格のものではなく、将来費用となることが最初から定められた資産です。

こうした種類の資産は前払費用だけではありません。機械などの長期間使用される減価償却資産も同じ性格を有します。生産に使用するために機械を購入すると、キャッシュは最初に支払います。この機械購入代金はいずれ費用になります。しかし、機械はこれから長期にわたり収益に貢献するのですから、全額を購入したときの費用にするわけにはいきません。機

図表4-5　長期前払費用の発生

①当期中…10年間分の保険料200を現金払
（借方）支払保険料　200　　　　　　　　（貸方）現金　200
　　　　＜費用＞　　　　　　　　　　　　　　　　＜資産の減少＞

②当期末…9年間分の保険料を繰延
（借方）長期前払費用　180　　　　　　　（貸方）支払保険料　180
　　　　＜資産＞　　　　　　　　　　　　　　　　＜費用の減少＞

③翌期…長期前払費用を取り崩し、1年分の保険料を費用計上
（借方）支払保険料　20　　　　　　　　　（貸方）長期前払費用　20
　　　　＜費用＞　　　　　　　　　　　　　　　　＜資産の減少＞

械の耐用年数にわたって、減価償却費という形で費用となっていきます。こうした減価償却資産もこれから現金が入ってくる資産ではなく、適正な費用配分のための資産になります。

◆ 損益に影響を与えるかどうか

つまり、資産には将来キャッシュとして回収できる資産と、キャッシュが入ってくるのではなく将来の費用となるものという 2 つの種類があることになります。キャッシュが入ってくる資産は、代わりに現金という違う資産が入ってくるだけですから、貸借対照表上の資産同士の交換で損益には影響を与えません。しかし、費用となる資産は、その資産が消えると損益計算書の費用を発生させますから、将来の利益を悪化させる要因になります。資産を見るときにこの両者の違いをよく識別しておくことが重要です。

また、前述したように、当初はキャッシュとして回収することが予定されていた資産が予定どおりにキャッシュで回収できないときは、損益計算書において費用処理されます。こうした不本意な費用処理は原則として特別損失に計上されます（**図表 4-6**）。最初から費用となることが予定されている資産の費用処理は予期されたものであり、淡々と処理することができます。しかし、不本意な費用処理は突然の一撃であり、企業の財務体質に大きな影響を与えることがあります。事業性資産が確実にキャッシュとして回収できるかどうかは、重大な注意を持って常に監視していなければなりません。

図表 4-6　売掛金の不本意な費用処理

①予定どおりの現金回収
（借方）現金　300　　　　　　　　（貸方）売掛金　300
　　　　＜資産＞　　　　　　　　　　　　　＜資産の減少＞

②不本意な費用処理…貸し倒れ
（借方）貸倒損失　300　　　　　　（貸方）売掛金　300
　　　　＜費用＞　　　　　　　　　　　　　＜資産の減少＞

（2） 流動性

　前項で説明した「キャッシュになるか費用になるか」という視点は資産を見る上で、非常に重要なポイントになります。ここでは、それをベースに流動性という角度から資産を分析してみます。

　同じキャッシュに変わる資産の中でも、キャッシュになりやすいかどうかに違いがあります。その違いを流動性と呼びます。つまり、流動性とはキャッシュへのなりやすさの度合い、いわばキャッシュとの距離感です（**図表 4-7**）。

図表 4-7　資産の流動性

資産の種類	キャッシュとの近さ
1．流動資産	
現金預金	キャッシュそのもの
受取手形	期日と金額が確定し、キャッシュに近い
売掛金	期日と金額が確定し、キャッシュに近い
たな卸資産	
製品	キャッシュになるには営業活動が必要
原材料	キャッシュになるには、製造、営業活動が必要
有価証券	ほとんどキャッシュ
2．固定資産	
建物	キャッシュに遠い
機械	キャッシュに遠い
土地	担保価値あり、キャッシュになり得る
投資有価証券	担保価値あり、キャッシュになり得る

◆ キャッシュになりやすい資産

　原則的に、貸借対照表は流動資産、固定資産の順に並んでいて、上から下にいくほどキャッシュになりにくくなるのですが、個別にその性格をとらえておく必要があります。

　資産の最初にある現金預金は文字どおりのキャッシュです。現金預金が

多ければ、いかようにも対応可能ですから、相当な苦難にも耐えられます。次に現金預金に近いものは流動資産にある有価証券です。流動資産にある有価証券はいつでも売れる有価証券です。固定資産に計上されている投資有価証券はいつでも売れるものとは限りません。子会社や関連会社あるいは資本提携先の会社の株式などは、こちらの都合だけで売却できません。それに対し、流動資産にある有価証券は所有会社の意思だけで売却可能ですから、上場株式等の市場性のあるものであれば極めてキャッシュに近いといえます。

◆ 受取手形、売掛金は在庫よりキャッシュに近い

　次にキャッシュに近いものは受取手形、売掛金、たな卸資産（在庫）などです。これらの資産は事業に伴って発生する事業性資産です。事業性資産は事業が順調に運営されている限り、比較的短期間にキャッシュに変換していくと予想されます。事業性資産もキャッシュに近い順に識別しなければなりません。受取手形は手形期日に入金されるほか、銘柄に問題なければ銀行で割り引いたり、裏書譲渡して決済に使えますから、非常にキャッシュに近いものです。売掛金も期日が来れば入金されますからキャッシュに近いといえます。

　これに対し在庫は受取手形や売掛金とは違い入金期日と金額が確定していません。製造業における原材料は、工場で生産を行い製品に変え、さらにそれを顧客に販売して売掛金にし、それからキャッシュになるのですから、かなりの時間がかかります。またいくらで売れるかも分からないのですから、在庫は事業性資産の中ではキャッシュから遠い資産になります。

　また、これらの事業性資産は事業が順調なら問題ないのですが、不調になると不良債権や不良在庫になり、キャッシュに永久に変わらないこともありますから、注意しなければなりません。

固定資産はキャッシュになりにくい資産です。ただ、上場有価証券や土地などは資産価値があり汎用性が高い資産ですから、売ろうと思えばキャッシュにできる資産です。キャッシュにできるということは、銀行は借入金の担保として受け入れやすいため、担保価値のある資産といういい方もできます。それに対し、建物や機械は所有者が変わればほとんど価値を持たなくなるのが普通ですから、なかなか額面どおりでは売りにくく、キャッシュに遠い資産といえます。

（3） 価格変動性

貸借対照表には資産価格が金額で表示されています。資産には貸借対照表価格をそのまま受け取れる資産と受け取れない資産があります。資産には価格変動リスクを有する資産があるからです。価格変動リスクがある資産とない資産を識別しておくことも重要です（**図表 4-8**）。

図表 4-8　元本確定資産と価格変動資産

元本確定資産	現金預金、受取手形、売掛金、貸付金等
価格変動資産	たな卸資産、土地、建物、株式等

◆ 元本確定と価格変動

資産は原則的に取得原価（取得するのに要した価格）で貸借対照表に記載されますが、価格変動リスクという観点で重要なのは、資産の回収金額が取得原価で確定しているかどうかです。

資産の中で取得原価（貸借対照表計上価格）どおりに、最も確実に回収できるのはいうまでもなく現金預金です。その他、受取手形、売掛金、貸付金などは契約により回収元本が確定している資産です。一方、在庫、土地、建物、株式などといった資産は、元本回収は時価による売却になりま

すから、取得原価とは異なる価格で回収されます。

　受取手形などの元本が確定している資産も相手先の倒産などがあれば、当初約束された元本が回収できない可能性がありますから万全ではありませんが、よほどのことがない限り、貸借対照表に掲載されている価格で回収できます。ところが、価格が変動する資産については元本回収という観点からすれば、貸借対照表価格はまったく意味を持たない過去の価格です。常に時価の変動にさらされている資産であり、資産の評価損益（含み損益ともいいます）は価格変動資産から生まれます。

　価格変動資産はいくらで回収できるか不安の残る資産だといえますが、逆にいえば、それだからこそ営業努力（あるいは経済情勢）次第で高く売ることもできるのですから、利益の源泉になる資産ともいえます。

◆ 時価変動が自己資本を直撃

　資産に元本確定と価格変動があるなら、負債にも元本が確定している負債と価格が変動する負債があってよさそうですが、負債は買掛金や借入金といった契約による債務が主体になりますから、ほとんどが元本確定です。元本確定負債は貸借対照表に計上されている金額をそのまま返済しなければなりません。仮に、負債のすべてを元本確定と考えると、価格変動資産の時価変動分はそのまま自己資本の増減に直結することになります。

　したがって、価格変動資産については貸借対照表価格とは別に、現在時点での価格、すなわち時価を常に把握しておかなければなりません。

4. 負債の種類

　負債も資産同様にその性格別に把握しておく必要があります（**図表 4-9**）。識別ポイントは資産と同様にやはりキャッシュです。

図表 4-9　負債の種類

負債 {
　1. 将来、キャッシュが支払われる負債
　　　(1) 契約上の債務…借入金、支払手形、買掛金等
　　　(2) 引当金…退職給付引当金等

　2. 将来、収益になる負債…前受収益、繰延税金負債等

◆ キャッシュの支払が発生

　負債の分類でまず重要なのは、その負債が将来キャッシュの支払を発生させるものかどうかです。一口に負債といいますが、将来キャッシュの支払が発生する負債と発生しない負債があるのです。この違いを明確に認識しておかなければなりません。

　負債のほとんどは将来のキャッシュの支払を伴います。キャッシュの支払を伴うものには、契約上の債務と引当金があります。

◆ キャッシュ流出を伴う契約上の債務

　契約上の債務は一般感覚と同様の負債です。銀行からの借入金が代表例です。借入金は銀行に対し期日に返済することを約束していますから、いずれキャッシュが出ていきます。また、事業をするためには商品や原材料を購入しなければなりませんが、購入代金は現物と引き換えにその度にキャッシュを支払うのは面倒ですから、後でまとめて一括して支払うのが普通です。そうしたときは支払手形とか買掛金が負債に計上されます。これらも借財ですから、いずれキャッシュで支払わなければなりません。

◆ キャッシュ流出を伴う負債性引当金

　引当金は当期に費用は発生しているが、キャッシュの支払は将来行われるものについて、費用の反対勘定として負債に計上されるものです。引当金は適正な損益計算を行うために設定されるもので、上記の契約上の債務とは異なりますが、将来キャッシュの支払があるという観点からは同じものと見ることができます。

　退職金の支払に充てる退職給付引当金を考えてみましょう。退職金の支払は退職時点で行われますから、キャッシュの流出はかなり先になります。退職金をなぜ支払うのかといえば、就職してから退職するまでの従業員の労働に対する対価です。従業員の在職期間中の労働を原因として会社は収益を上げているのですから、退職金も在職期間中の収益に応じて計上しなければなりません。退職金が退職給与規定に基づいて支払われるなら、退職時点の退職金はおおよそ計算できます。

　なお、引当金には前に説明した評価性引当金もあります。評価性引当金は負債性引当金のように将来キャッシュの流出が予定されるものではなく、取得している資産の価値が減少している場合に計上されるものです。したがって、評価性引当金は負債ではなく、引当金の対象となった資産のマイナス勘定として貸借対照表の資産の控除項目となります（たとえば、貸倒引当金は評価性引当金であり、資産勘定における貸出金から控除する形で表示されます）。

◆ キャッシュの支払が発生しない前受収益

　負債には上記の他にキャッシュの支払が発生しないものがあります。その典型は前受収益です。

　前受収益は適正な損益計算のために会計上の収益認識を将来に繰り延べるものです。たとえば、今後 5 年間何らかのサービスを行う契約をし、そのサービス提供に対する 5 年分の対価 100 万円を一括して前払で受け取ったとします（**図表 4-10**）。サービス提供期間は 5 年間ですから、損益

計算書に計上する収益は5年間で分割計上しなければなりません。そこで4年間分の収益80万円は前受収益として負債に計上します（①の仕訳）。これは将来の収益の対価をサービスの提供より先にもらってしまっていることから、収益を将来に繰り延べるために負債に計上されているものです。そして、2年目以降はサービス提供に応じて負債の前受収益を取り崩して、売上を計上することになります（②の仕訳）。

　このように前受収益は負債ですが、他の負債のようにキャッシュが支払われることはありません。期日が来ると、前受収益は取り崩し、損益計算書の収益に計上されていきます。

図表 4-10　前受収益

① 1年目の対価受領時点
（借方）現金　100万円　　　　　　　（貸方）売上　20万円
　　　　　＜資産＞　　　　　　　　　　　　　＜収益＞
　　　　　　　　　　　　　　　　　　　　　前受収益　80万円
　　　　　　　　　　　　　　　　　　　　　＜負債＞

② 2年目以降
（借方）前受収益　20万円　　　　　　（貸方）売上　20万円
　　　　　＜負債の減少＞　　　　　　　　　　＜収益＞

◆ キャッシュの観点から見ることが重要

　引当金と前受収益の相違点は次のようにいうことができます。引当金も前受収益も適正な損益計算のために計上されるという点では同じですが、今後キャッシュの支払が伴うかどうかという点から見ると、性格が異なるものになります。

　将来キャッシュの受取りあるいは支払が発生するかどうかという見地から、資産と負債を識別しておく習慣を身につけておいてください。

5. 純 資 産

　前述したように、貸借対照表は資産、負債、純資産の 3 区分に分かれ
ますが、ここでは、会社の安全性を見る上で最も重視される純資産を取り
上げます。

（1） 純資産の内容

　個別決算の純資産は株主資本、評価・換算差額、新株予約権の 3 つに
分けて表示されます（**図表 4-11**）。

図表 4-11　個別決算の純資産の内容と性格

分類	内容	株主資本（狭義の株主財産）	自己資本（実質的な株主財産）	純資産（資産と負債との差額）
Ⅰ　株主資本 　1．資本金 　2．資本剰余金 　　（1）資本準備金 　　（2）その他資本剰余金 　3．利益剰余金 　　（1）利益準備金 　　（2）その他利益剰余金 　　　＊＊積立金 　　　繰越利益剰余金 　4．自己株式（△）	・株主資本：帳簿上確定した株主財産 ・払込資本：株主が会社の外から払い込んだ財産 ・留保利益：会社自身が稼いだ利益の蓄積 ・自己株式：株主資本から控除	○	○	○
Ⅱ　評価・換算差額等 　1．その他有価証券評価差額金 　2．繰延ヘッジ損益 　3．土地再評価差額金	・株主財産とみなされる資産の評価損益	×	○	○
Ⅲ　新株予約権	株式を購入できる権利	×	×	○

◆ 株主資本

　純資産のうち、帳簿上明確に株主に帰属する財産は、株主資本として表示されます。株主資本は払込資本と留保利益の2つからなります。払込資本は株主が自分の資金を会社の外から払い込んだもので、資本金と資本剰余金の2つに分かれます。留保利益は会社が事業活動により自ら稼いだ利益の蓄積で、利益剰余金として表示されます。

　会社の株式は会社以外の第三者が所有することが原則ですが、様々な理由で会社自身が自社の株式を所有することがあります。これを自己株式といいます。会社外部の人が株式を所有し資金を会社に投入することで、その資金は株主資本として取り扱われます。ところが、会社が自分で自社の株式を所有してしまえば、その株式は株主資本ではなくなってしまいます。そこで、自己株式は株主資本から控除される形で表示されます。

◆ 評価・換算差額等

　純資産の2番目は評価・換算差額等です。資産は原則的に取得原価で計上されますが、特別の規定で時価評価される資産があります。たとえば、金融商品の時価会計の規定により再評価される有価証券や土地再評価法による土地などです。そうした資産が時価評価され、しかも損益計算書を通らずに直接に純資産を増減させる評価損益は、純資産の中で評価・換算差額等として表示されます。

　ここに計上された評価・換算差額等は損益として認識されていませんから、実際に課税はされていません。しかし、将来損益が実現すると課税されますから、ここではその税効果を見込んで計上します。たとえば、株式の評価益が100あった場合、その100全部が評価・換算差額等になるのではありません。実効税率40%とすれば、そのうちの40を繰延税金負債、残りの60をその他有価証券評価差額金として評価・換算差額等に計上します。

◆ 新株予約権

　そして、純資産の 3 番目は新株予約権です。新株予約権はあくまで新株を購入できる権利であり、株式として確定したものではありません。新株予約権を返済義務のある負債とすることは適当でないということで、純資産の一部として表示しています。

（2）　純資産の性格

　さて、問題は純資産の性格です。純資産のうち、どこまでを株主財産として認めることができるのでしょう。

◆ 純資産、自己資本、株主資本

　会計において、似たような意味で使う用語に、純資産、株主資本、自己資本などがあります。これらはいずれも株主の財産という意味で使うことが多いのですが、会計ではそれぞれ明確に定義されていますので、その違いを明確にしておきましょう。

　純資産と株主資本は決算書に表示されています。純資産は資産から負債を控除した広い概念であり、株主資本は純資産の中の払込資本と留保利益に限定されています。これに対し、自己資本という言葉は決算書には出てきません。決算書には表示されていませんが、以下で説明するように、自己資本も欠くことのできない重要な概念です。

◆ 株主財産とは

　純資産は単なる資産と負債の差額であり、そのすべてが株主財産ではありません。株主財産という観点から各項目を見ると、以下のようになります。

　株主資本は、株主が自分自身の資金を払い込んだ払込資本と、会社が稼いだ留保利益の 2 つからなります。これは帳簿上確定した株主の資本ですから、当然に株主財産です。株主資本は株主財産の最も基盤となるもの

といえます。

　次に、評価・換算差額等です。これは株主資本のように帳簿上確定した株主財産ではありません。しかし、もしここで会社が解散して資産を処分するとすれば、資産の含み益のうち税金以外の処分益は株主に帰属することになります。そこで、この評価・換算差額等は実質的な株主財産に含められると解釈できます。

　最後に新株予約権ですが、これはあくまで新株を払い込む権利に過ぎませんから、株主財産とは認められません。ただ単に負債に含めるわけにはいかないからということで、純資産に入っているに過ぎないのです。

　したがって、実質的に株主財産として認められるのは株主資本と評価・換算差額等を足したものということになります。

◆ 自己資本＝株主財産

　ところが、この株主財産については決算書上では用語を与えられていません。決算書の利用者がそれぞれ名前をつけることになります。

　一般的にはこの株主資本と評価・換算差額を合計したものを「自己資本」と呼んでいます。自己資本という言葉は決算書上に表現される用語ではありませんが、実質的な株主財産を指す言葉として実務では広く使われています。メディアや銀行などでも、株主資本と評価・換算差額等を合計したものを自己資本と呼んでいます。

　上記のように、純資産、株主資本、自己資本はそれぞれ意味が違います。これらの相違をよく理解しておくことが必要です。この中で、決算書分析で重要なのは株主の実質的財産である自己資本です。自己資本比率や自己資本利益率（ROE）もこの自己資本をベースに計算しますし、債務超過の概念もこの自己資本がマイナスになったときを債務超過とします。

◆ 非上場会社の場合

　純資産は上記のように3つの要素で構成されますが、すべての会社が

この3要素を持っているわけではありません。

　株主資本はどんな会社でも必ずあります。これに対し、評価・換算差額等は有価証券等の資産に対して時価会計を適用したときに発生するものです。時価会計は上場会社の会計基準では必ず適用されますが、非上場会社は適用が義務づけられていません。したがって、評価・換算差額等は非上場会社の決算書には出てこないケースがほとんどです。また、新株予約権も多くは上場会社で発行するものであり、非上場会社ではそれほど必要とされません。よって、新株予約権も非上場会社では余り出てきません。

　このように、非上場会社では評価・換算差額等と新株予約権がなく、純資産として出てくるのは株主資本だけというケースが大多数です。その場合は、純資産＝自己資本＝株主資本、となります。前述したように、株主財産＝自己資本ですから、このケースでは純資産すべてがそのまま株主財産となります。

（3）　株主資本の中身

　株主資本とは帳簿上確定した株主の財産です。株主資本は一括りで議論されることが多いのですが、その中身の違いを認識しておくことが必要です。

◆ プラス数値かマイナス数値か

　株主資本は資本金、資本剰余金、利益剰余金、自己株式の4つに分けて表示されます。その中で、最も大きく区分できるのは、自己株式とそれ以外です。資本金、資本剰余金、利益剰余金はプラス表示ですが、自己株式はマイナス表示だからです。会社の所有者は株主であり、会社外部の株主が自分の財産を会社に拠出しているから、会社の財産は安定しています。ところが、会社の財産を会社自身が取得してしまえば、財産としての価値はなくなってしまいます。そこで、自己株式は株主資本から控除される形で表示されます（**図表4-12**）。

株主資本	所有者	数値
1. 資本金 2. 資本剰余金 3. 利益剰余金	株主	プラス
4. 自己株式	会社自身	マイナス

◆ 払込資本と留保利益

　では、プラス数値である資本金、資本剰余金、利益剰余金の 3 つは同様に取り扱ってもいいかいうと、そこにも大きな違いがあります。その性格の違いは重要です。資本金、資本剰余金、利益剰余金は以下のように 2 つに区分することができます。

　1 つは株主が会社の外から自分でおカネを払い込んだ払込資本と呼ばれるものです。勘定科目としては資本金と資本剰余金が該当します。払込資本は元々株主が自分のおカネを払い込んだものですから、当然に株主資本になります。

　もう 1 つは会社が事業を行うことによって蓄積してきた留保利益です。留保利益は勘定科目としては利益剰余金が該当します。留保利益は会社の外から持ち込まれたものではなく、会社がこれまでの事業により会社自身

図表 4-13　払込資本と留保利益

(損益計算書)	(貸借対照表)	
	払込資本 <資本金> <資本剰余金>	株主が会社の外部から自分の資金を入れる
当期純利益	留保利益 <利益剰余金>	会社が自分自身で稼いだ利益 (会社の収益力が高いと多くなる)

（株主）

で稼いだものです。損益計算書の当期純利益として計算されたもののうち、株主に支払った配当を控除して、社内留保されたものが蓄積されます。留保利益は会社が自分で稼いだものですが、会社は最終的に株主のものですから、払込資本とともに株主資本を形成することになります（**図表 4-13**）。

◆ 変動しない払込資本、変動する留保利益

　払込資本は株主が会社に出資金を入れない限り増加しません。当初の会社設立時点以外でも、増資をすれば払込資本が増えることになります。したがって、増資等がない平常時において、株主資本が増減するのは留保利益の変動によります。会社が事業を行い利益を計上すれば、留保利益が増加することにより株主資本が増加します。逆に事業が不振で赤字になってしまうと、留保利益が減少し株主資本が減っていきます。

◆ 留保利益は収益力の高さを示す

　同じ株主資本といっても、このようにその性格はまったく異なります。その違いを踏まえ、会社を見ることが必要になります。

　払込資本は株主が自分のおカネをつぎ込んだものです。いわば、会社を買うのに投入した原価ですから、株主から見れば、最低限この金額は会社の株主資本勘定に残っていなければ、割りに合いません。もし、会社が損失を累積して欠損金が多くなり、株主資本勘定の金額が当初の払込資本を下回ってしまえば、株主としては投資原価を割り込み、損をしたことになってしまいます。それに対し、留保利益は会社が事業で稼いだものですから、株主から見れば純粋にプラスの余剰ということになります。留保利益が多ければ多いほど、当初出資した株主はその分儲かったことになります。

　では、逆に会社側から払込資本と留保利益を見てみましょう。払込資本は株主が実際に会社に払い込んだ資本なので、払込資本を維持することが株主に対する会社の最低限の責任だといえます。一方、留保利益である利益剰余金は会社が自分で稼いだ資本ですから、会社が比較的自由に使える

資本だといえます。したがって、利益剰余金の取崩しは払込資本に比べて容易にできるようになっています。

　会社を外部から見たときに、ただその株主資本が大きいか小さいかだけを見るのではなく、株主資本の内訳として払込資本が多いのか、留保利益が多いのかということに着目してください。払込資本の大きい会社は、単に株主が自分のカネを多額に会社に入れたに過ぎません。株主資本のほとんどが払込資本という会社は、自分で稼ぎ出した利益の蓄積はほとんどなく、ただ単に株主から会社に移転した財産が多いということを表現しています。それに対し、留保利益が多い会社は自分の収益で稼いだ株主資本がたくさんあるということになります。それはその会社の収益力の高さを物語りますし、会社が自由に処分できる株主資本が多いということもできます。

6.　資産・負債の並び方

　資産と負債には多くの種類がありますが、その掲載の順序は会社独自で決めるのではなく、一定の基準があります。

◆ 資産はキャッシュまたは費用になりやすい順

　資産はキャッシュになるのが早い順に上から並ぶというのが大原則です。ただ、資産は前にも説明したとおり、すべてがキャッシュになるわけではなく、費用になる資産もあります。費用になる資産も、費用になるのが早い順に上から並びます。

　比較的短期間にキャッシュまたは費用に換わるものが流動資産になります。流動資産のトップに来るのは、いうまでもなく現金預金です。現金預金はキャッシュそのものですから当然です。そして、現金預金の次に記載されているものから順次キャッシュになっていくというのが貸借対照表の基本的イメージです。ただ、それはあくまで基本的イメージであり、個別の貸借対照表の資産を見るときには、どうしてその資産が流動資産あるいは固定資産にあるのかを理解しておかなければなりません。

◆ 事業性資産

　資産の分類は一律に行うわけではありません。まず資産を事業性資産か否かに分けます。事業性資産とそれ以外の資産では分類方法が異なります。

　受取手形、売掛金、たな卸資産（在庫）などのように、本業を行うことによって発生する資産が事業性資産です。事業性資産は事業が順調に回転している限りキャッシュに順次変換していきますので、事業性資産はすべて流動資産として表示されます。事業性資産であれば特別なことがない限り、無条件に流動資産として扱われるところがキーポイントになります（**図表4-14**）。

◆ 要注意の事業性資産

　後ほど説明するように、事業性資産以外の資産は1年を基準にして流動と固定を区分しますが、事業性資産はそうした外形標準を基準とする区分をしません。それは、大抵の事業はどんなにかかっても最低1年以内には1回転して、キャッシュに変換すると考えられるからです。たしかに、ほとんどの企業では、通常の場合、事業性資産は1年以内にキャッシュ化あるいは他の資産に転化して回転すると考えても問題はないでしょう。しかし、業種によっては、1年を超えるものも出てきます。たとえば、不動産業、建設業、あるいはデベロッパーなどです。大型の不動産開発などは土地を仕入れてから完成するまで1年以上かかるのが普通ですが、こうした土地も、事業に使われるのですから、たな卸資産として流動資産に表示されます。建設業における未成工事支出金や完成工事未収入金も回収に比較的長い期間がかかる事業性資産になります。事業性資産は流動資産ですが、すべてを一律に早期にキャッシュ化されると考えるのは危険です。業種による回収期間の違いをしっかり認識しておいてください。

　また、本来短期間で回収されるはずの事業性資産でも不良化すれば、簡単に回収できなくなってしまいます。不良債権や不良在庫です。原則的にそうした不良資産は費用処理して資産から落としてしまうか、別表示しなければなりませんが、会社によっては不良資産が事業性資産に潜り込んでいる可能性がありますので、その辺も要注意です。

◆ その他の資産

　一方、事業活動によって生じる資産以外の資産については、1年を基準に流動資産か固定資産に区分けします。1年以内にキャッシュ化または費用化されるものが流動資産に、1年を超えるものは固定資産になります（**図表4-14、図表4-15**）。たとえば、貸付金は1年以内に回収されるものは短期貸付金として流動資産に、1年を超えて回収されるものは長期貸付金として固定資産になります。また、前払費用も1年以内に費用化される

ものは流動資産に、1 年を超えるものは長期前払費用として固定資産に表示されます。

　土地、建物、機械などの設備用の資産は固定資産に表示されます。建物や機械は減価償却という形で徐々に費用になりますが、それは 1 年という短期間ではなく、建物や機械の耐用年数に応じた長期間になるからです。土地は建物や機械のように減価しませんから、売却しない限り取得原価の

図表 4-14　資産の分類

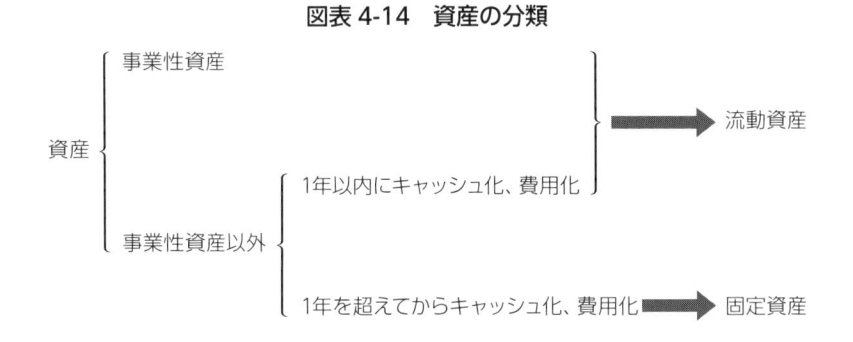

図表 4-15　資産と負債

資産	性格	負債	性格
1.　流動資産 　　現金預金 　　売掛金 　　たな卸資産 　　短期貸付金 　　前払費用	・事業に伴い発生する事業性資産 ・現金や費用になるのが短期間…1 年以内	1.　流動負債 　　支払手形 　　買掛金 　　短期借入金 　　1 年内返済予定の長期借入金 　　1 年内返済予定の社債 　　賞与引当金 　　前受収益	・事業に伴い発生する負債 ・現金支払や収益になるのが短期間…1 年以内
2.　固定資産 　　土地 　　建物 　　機械 　　投資有価証券 　　長期貸付金 　　長期前払費用	・現金や費用になるのが長期間…1 年超	2.　固定資産 　　長期借入金 　　社債 　　長期前受収益 　　退職給付引当金	・現金支払や収益になるのが長期間…1 年超

まま据え置かれ、長期間使用されることになります。

　また、投資目的の有価証券は、有価証券ですから売ればキャッシュにすることはできますが、「投資目的」というのは経営者の意思として長期間保有するということですから、よほどのことがない限りキャッシュには換わりません。そのため、固定資産として表示されます。

◆ 負債は支払が早い順

　負債は現金の支払が早く来るものから順に上から並びます。負債も資産と同様に事業性かそれ以外かで区分の仕方が異なります。

　支払手形や買掛金などの事業活動によって生じる負債は、事業活動が普通に行われている限り、次々と支払をしていかなければならないので、すべてが流動負債になります。

　事業性負債以外の負債は、1年を基準に流動と固定を区分します。たとえば、1年以内に返済しなければならない借入金は短期借入金として流動負債に、返済期限が1年を超えるものは長期借入金として固定負債になります。社債は償還期限が1年を超えるのが普通ですから、固定負債になります。なお、固定負債に表示されていた長期借入金や社債のうち、1年以内に返済期日が到来するものは流動負債として別表示されます。

　前受収益などの将来収益になる負債は、1年以内に収益に換わるものは流動負債に、1年を超えるものは固定負債になります。引当金も1年以内にキャッシュ流出があるものは流動負債に、1年を超えるものは固定負債になります。したがって、賞与引当金は流動負債、退職給付引当金は固定負債として表示されます。

損益計算書

第5章

1. 各段階の利益

　貸借対照表は左右対照に表示されますが、損益計算書は縦一列に表示されます。複式簿記の原理からすれば左右対照でも表示できるのですが、貸借対照表のように左右を比較するより、利益の源泉を種類分けして順番に表示したほうが損益の内容が把握しやすいため縦一列の形となっています。

◆ 当期純利益が自己資本に加算

　損益計算書の最大の目的は、事業活動によって1年間に稼いだ最終利益（当期純利益）を表示することです。増減資などを除外すれば、原則的にはこの最終利益分だけ、貸借対照表に表示される株主財産である自己資本（株主資本）を増加させるからです。株主が株主財産の増加額だけに興味があるとすれば、最終利益たる当期純利益さえ表示すればいいのですが、それだけでは会社の利益の源泉が分かりません。本業が好調で利益を上げているとすれば、これからも同様の利益計上が期待できますし、その年だけの特別な要因による利益であるなら、翌年以降の利益計上は期待できません。そうしたことが把握できるように、損益計算書では当期純利益がどういう要因で形成されたかを、段階を追って分かりやすく把握できるように工夫されています（**図表 5-1**）。

◆ 各段階の利益

　第一段階の分類として、損益が経常的に発生するかどうかで区別します。毎期経常的に発生する損益は経常損益、その年度に特有に発生するものは特別損益とします。

　第二段階の分類として、経常損益をさらに本業で生じた営業損益と本業以外の営業外損益とに分けます。営業損益は本業の最も基礎になる営業経費を差し引く前の売上総利益と、営業経費差し引き後の営業利益に分けら

れます。営業利益に営業外損益を加減したものが経常利益です。

　経常利益に特別損益を加減したものが税引前当期純利益です。ここから法人税等負担額を控除しますが、法人税等負担額は実際当期分の税額として納付すべき法人税、住民税及び事業税に、税効果会計を適用することに伴い発生する法人税等調整額を加えたものになります。法人税、住民税及び事業税は必ず費用になりますが、法人税等調整額は費用になることも収益になることもあります。税引前当期純利益から当期の法人税等負担額を控除したものが最終利益である当期純利益になります。

　各段階の利益の内容は以下のようにまとめられます。

①売上総利益＝売上高－売上原価

　売上総利益は利益の最も基礎となるもので、「粗利（あらり）」ともいいます。売上原価は卸・小売業であれば販売商品の原価ですし、製造業であれば製造原価になります。売上総利益は売上から売上の対象となった商品や製品の生の原価を引いたものですから、商品や製品そのものの力、つまり、「商品力」「製品力」を反映していると考えることができます。

②営業利益＝売上総利益－販売費及び一般管理費

　商品力や製品力だけではモノは売れません。商品・製品を売るためには販売や会社全体の管理も必要になります。売上総利益からその販売や管理のための経費を引いたものが営業利益です。これは会社の財務体質などを考慮しない純粋な本業の収益力を示すものです。いわば、会社の核となる実力の利益といえます。

③経常利益＝営業利益＋営業外収益－営業外費用

　営業外収益の代表的なものは預金等の受取利息や株式等の受取配当金であり、営業外費用の代表的なものは借入金などにかかる支払利息です。預

金とか借入金は本業の収益力とは関係のない会社の財務といわれるものです。すなわち、経常利益とは本業だけでなく、財務も含めてこの会社全体が特別の要因がなければ、毎期経常的に発生すると想定される利益です。したがって、会社全体としての通常の実力を示すものとしてはこの経常利益が最も適しています。

④税引前当期純利益＝経常利益＋特別利益－特別損失

特別損益とは、その年度に特別に生じた損益です。たとえば、土地の売却損益などが該当します。不動産業以外の普通の会社では土地の売却は毎年発生するものではありません。つまり、ここに出てきた特別損益は来年度以降も同様に発生するものと想定することはできません。ですから、来期以降の収益を予想するときには、この部分は除外して考える必要があります。税引前当期純利益は特別損益を含めたこの年度に発生した法人税等以外のすべての損益の合計です。

⑤当期純利益＝税引前当期純利益－法人税等負担額

当期純利益が税金を控除した会社のトータルとしての利益であり、最終利益とか純益とも呼ばれます。途中経過はどうであれ、会社がこの年度にどれくらい儲かったかということはこの当期純利益で表現されます。この当期純利益が株主に対する責任のある利益ということができます。

図表 5-1 損益計算書の構造

		損益計算書	利益の内容
毎年経常的に発生	本業	売上高	
		売上原価	
		売上総利益	商品力、製品力を反映する利益。アラ利ともいう
		販売費及び一般管理費	
		営業利益	本業による利益
	本業以外	営業外収益	
		営業外費用	
		経常利益	経常的状態の下における利益。経常（ケイツネ）ともいう
当年度特有		特別利益	
		特別損失	
		税引前当期純利益	税金を引く前のその年度の利益。税前利益ともいう
		法人税、住民税及び事業税 法人税等調整額	
		当期純利益	その年度の最終利益。最終益または純益ともいう

2．利益の変換

　利益が多い会社はキャッシュも多額にあると考えがちですが、利益とキャッシュはパラレルに連動しません。利益が会社の中に実物資産としてどのような形で存在しているかに注目してください。

◆ 利益は実体ではない

　損益計算書で利益を出すことは重要です。ただ、決算書を見るときはそれだけにとどまってはいけません。利益は計算上の概念であり、実体ではありません。

　消費者感覚からすると、利益があればその分キャッシュが増加していると考えるかもしれません。しかし、企業は最終消費者ではありませんから、キャッシュを蓄積するのが目的ではなく、営利事業体として成長し続けなければなりません。キャッシュをそのまま温存していたのでは、成長できませんから、利益を他の資産に変換しながら、事業を継続していきます。

◆ 利益は資産を増加させるか、負債を減少させる

　損益計算書で算定された利益が実体として何になっているかは、貸借対照表で確かめられます。ここでもう一度損益計算書と貸借対照表の関係を復習しておきます。

　当期の損益計算書は前期の貸借対照表と当期の貸借対照表をつないでおり、その橋渡しをしているのは損益計算書の当期純利益です。すなわち、当期の貸借対照表の純資産は原則的に前期に比べて損益計算書の当期純利益分だけ増加しています。そして

　　純資産＝資産－負債

　ですから、その純資産の増加分は資産が増加しているか（**図表 5-2**）、あるいは負債が減少しているか（**図表 5-3**）、またはその両者の組み合わ

せによって、実現していることになります。利益の計上は必ず資産か負債の増減として表現されます。利益が出ていれば、それがどのように貸借対照表の資産と負債に影響を与えているのかを確認しておくことは会社の資金繰りや会社の方向性を見る上で重要なことです。

図表 5-2　当期純利益が資産を増加させる

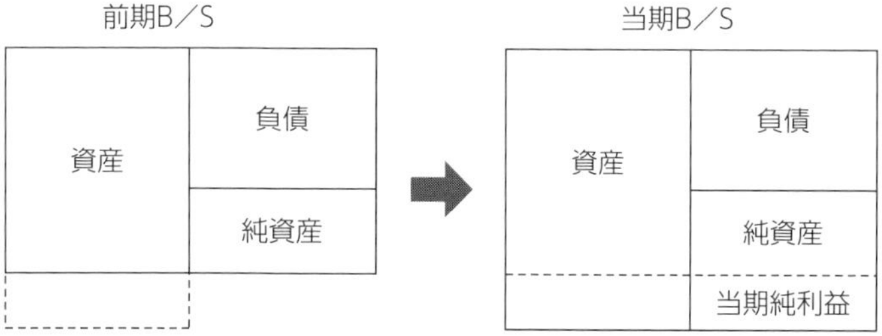

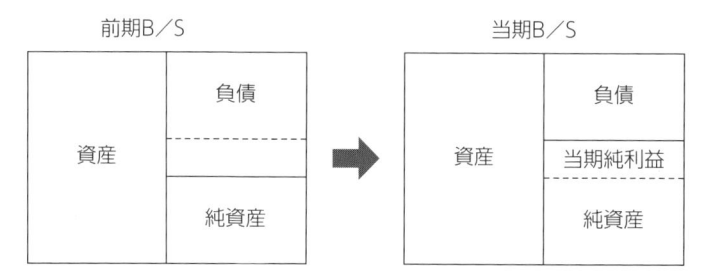

図表 5-3　当期純利益が負債を減少させる

◆ 利益の変換パターン

　利益の額は最終的にはキャッシュに帰着します。「最終的には」ということは、解散するときにはということですから、会社が事業継続中には色々なパターンがあります。以下では、その代表的パターンについて見ていきましょう（**図表 5-4**）。

①キャッシュ（現金預金）の増加…資産の増加

　これは、利益をキャッシュとして回収済みであり、それを保有したまま決算期を迎えている状態です。キャッシュは資産の中では最も流動性の高

い資産です。キャッシュが豊富にあれば、多少業況が悪くなっても持ちこたえられますし、これから何にでも使えるわけですから、そういう点では健全で、取引先から見ても安心といえます。

②売掛金の増加…資産の増加

　利益が売掛金の増加に見合っているとすれば、商品は売り、利益は計上したが、まだキャッシュとして回収できていないということになります。その売掛先が正常な会社で、ただ単に売掛金の期日が来ないために支払がされていないのだとしたら、その期日が来ればキャッシュとして回収できるのですから、問題はありません。問題なのはその売掛金が回収不能の場合です。その売掛先が売掛金を支払ってくれなければ、その分は貸倒損失となりますから、ここで計上した利益はなくなってしまいます。

③在庫の増加…資産の増加

　売上が順調で、次の売上に備えるために在庫が増加しているのであれば、心配いりません。問題なのは売上原価を圧縮し、見かけ上の利益を計上するために在庫を増加させている場合です。前に説明したとおり、期末在庫を増やせば、売上原価は減少します。本当は商品がないにもかかわらず帳簿上あることにしているとか、商品単価を上げて期末在庫金額をかさ上げしているような場合です。こうしたケースではこの在庫にはそれだけの価値はないのですから、ここで計上した利益は架空の利益ということになります。

④固定資産の増加…資産の増加

　利益分が固定資産として増加しているとすれば、それは利益がいったんキャッシュとして入ってきて、それを固定資産に再投資していると考えられます。これは強気の資金運用といえますから、将来の会社の成長性や収益性にかなり自信があるということになります。順調に思惑どおり売上が

増加しているなら、この固定資産の増加はさらなる利益をもたらします。しかし、その思惑がはずれ業績が下降するような状況になれば、固定資産は容易に回収できなくなりますから、過大な固定資産が会社の重荷になるおそれがあります。

⑤借入金の返済…負債の減少

これは、利益が資産を増やすのではなく、負債を減少させるものです。利益がいったんキャッシュとして入った後に、今度はそのキャッシュを設備投資ではなく、借入金の返済にあてています。設備投資は会社を前向きに拡大しようとする経営者の意思ですが、借入金の返済は経営者の守りの姿勢を表現していると考えられます。

図表 5-4　利益の増加→資産の増加か負債の減少

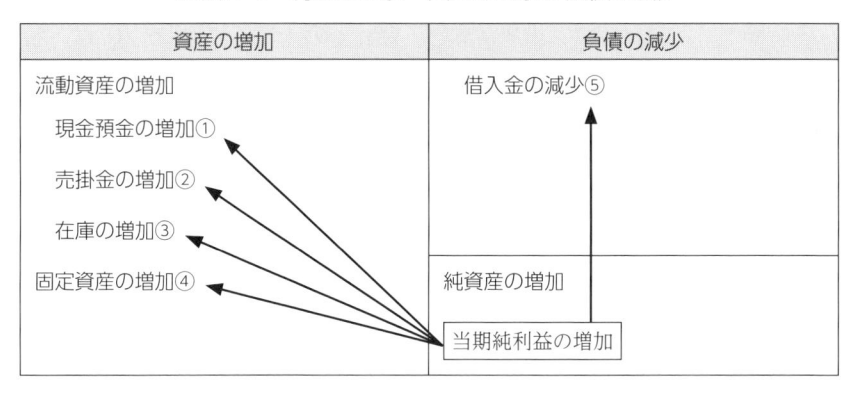

3．利益と税金

利益が出れば税金を払わなければなりません。ただ、損益計算書で算定された利益と、税務署に支払うべき税金はストレートにつながっているわけではありません。ここで、利益と税金の関係について整理しておきましょう。

（1）　会計上の利益と税務上の所得

決算書には 2 つの役割があります。1 つはいうまでもなく、会社の経営成績を株主や債権者といった利害関係者に開示するものです。もう 1 つの役割に法人税等の税務計算の基礎を提供するというものがあります。

前者の経営成績の最終結果は「利益」といい、後者の税務計算の基礎となる金額を「所得」といいます（また、会計上の「収益」と「費用」は、税

図表 5-5　会計計算と税務計算

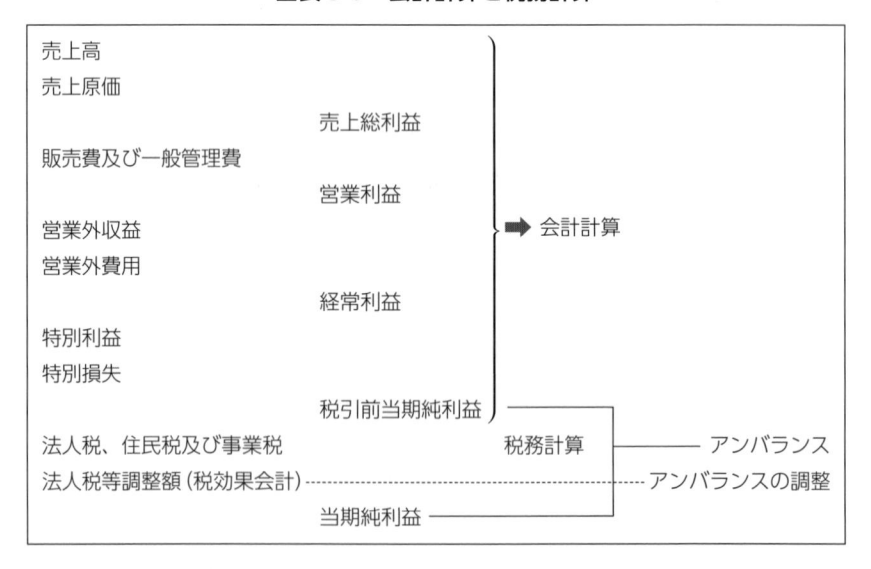

務では「益金」と「損金」といいます）。法人税は利益ではなく、所得に税率を掛けて算出します。利益と所得がまったく同じ計算によって算出されれば話は簡単ですが、利益と所得の計算過程は違います。つまり、**図表 5-5** のように税引前当期純利益までは会計的に算出しますが、「法人税、住民税及び事業税」（以下では略して法人税等とします）だけは会計ではなく税務として計算します。

◆ 税務上の所得は会計上の利益を修正して算定

　日本の税務における所得計算は、会計上の利益計算と同じではありません。かといって、会計上の利益計算とまったく別かというと、そうでもありません。税務の所得は会計で算定した利益をベースに計算することになっています。所得計算は税務申告書で行いますが、会計上算出された利益をベースに会計と税務の違いを修正しながら、税務上の所得を算定していきます。

　税務申告書には法人税額を計算する「別表」というものがあります。別表はかなりの分量がありますが、決算書との関係で重要なのは別表四と別表一です。決算書と別表四と別表一の関係を**図表 5-6** で説明します（実務の手続きは若干違いますが、概念的には次のようになります）。

　まず、損益計算書で税金を控除する前までの利益を計算します。ただ、そこで計算された税引前当期純利益は会計的に計算されたもので、税務で

図表 5-6　決算書と税務申告書

(1) 損益計算書	税引前当期純利益までを計算
⬇	
(2) 税務申告書：別表四	(1) の利益をベースに税務上の所得を算出
⬇	
(3) 税務申告書：別表一	(2) の所得をベースに法人税額を算出
⬇	
(4) 損益計算書	(3) の法人税額をベースに損益計算書に「法人税等」を計上

規定されたものとは異なっています。そこで別表四で会計上の利益から、会計と税務の違いを調整して、税務上の所得を算出します。次に別表一で、別表四で算出された税務上の所得に法人税率をかけて法人税額を算出します。それから決算書に戻り、法人税に住民税、事業税を加えて、法人税等を損益計算書に計上します。そして、最後に法人税等の金額を控除した当期純利益が算定されるのです（損益計算書と税務申告書の具体例については後述します）。

◆ 税効果会計

　今、法人税等の実効税率はおおよそ 35% です。会計上の利益と税務上の所得に大差がなければ、税引前当期純利益の 35% が法人税等となり、残りの 65% が当期純利益となるはずです。しかし、両者の相違点が大きいと、会計上の利益に比べて納めるべき税額がアンバランスに大きかったり小さかったりしてしまいます。

　会社の最も重要な利益は株主財産に直結する当期純利益ですが、このアンバランスを放置したままでは適正な当期純利益の算定ができません。そこで、会計と税務の認識時点の不一致を調整する税効果会計が導入されています。税効果会計を適用すれば、図表 5-5 にあるように法人税等調整額という勘定科目を挿入することにより会計と税務のアンバランスが調整されます。

　税効果会計は上場会社では必ず採用されていますが、非上場会社での適用は多くありません。したがって、損益計算書の法人税等の部分は税効果会計を適用する場合と、しない場合の 2 パターンあることに注意してください。税効果会計を適用するかしないかで損益計算書の末尾は変わってきます。

（2）　損益計算書と税務申告書

　会計上の利益から税務上の所得の算出の仕方を、**図表 5-7** の A 社の設
例に基づいて、説明します（実際の税務上の手続きは以下とは若干異なる
部分がありますが、説明を分かりやすくするために簡略化して表現してい
ます。なお、実効税率は 30% とします）。

図表 5-7　A 社の損益計算書と税務申告書

損益計算書		税務申告書：別表四		
売上高	10,000	税引前当期純利益		1,000
売上原価	6,500	加算	交際費損金不算入	500
売上総利益	3,500		貸倒引当金損金不算入	1,000
販売費及び一般管理費	1,000	減算	受取配当金益金不算入	100
（損金不算入の交際費）	(500)			
営業利益	2,500	税務上の所得		2,400
営業外収益	200			
（益金不算入の受取配当金）	(100)			
営業外費用	700			
経常利益	2,000			
特別利益	0			
特別損失	1,000			
（損金不算入の貸倒引当金）	(1,000)	税務上の所得 2,400 ×実効税率 30%		
税引前当期純利益	1,000			
法人税等	720	＝720		
当期純利益	280			

◆ 会計と税務の相違点

　A 社の損益計算書では売上高 10,000 から出発して、税引前当期純利
益が 1,000 計上されています。ここまでは会計上の計算で算定されます。
次に法人税等の計算に入ります。税金は税引前当期純利益 1,000 に税率
を掛けるのではなく、税務上の所得を基準に課税されます。所得は税務申

告書の別表四で会計と税務の違いを調整することにより計算します（会計では収益から費用を控除したものを利益といいますが、税務では益金から損金を控除したものが所得となります）。

　Ａ社の場合、会計上の利益と税務上の所得の算定方法の違いは以下の3点あります。

①損金不算入の交際費 500

　交際費は会計上は費用になりますが、税務では無条件に損金になるわけではありません。Ａ社では販売費及び一般管理費に税務上損金算入が認められない交際費が 500 含まれています。

②損金不算入の貸倒引当金繰入 1,000

　取引先の業況が危なくなり、売掛金について回収不能が予想されるため貸倒引当金繰入 1,000 を特別損失で計上しました。いわゆる不良債権償却です。不良債権は会計では実質的に回収不能と判断されれば償却しますが、税務ではより厳しい条件が定められていて、会計上の償却額が無条件に認められるわけではありません。ここではこの貸倒引当金繰入 1,000 は税務上損金算入が認められないものでした。

③益金不算入の受取配当金 100

　受取配当金は配当を支払う会社のほうでは法人税を支払った残金から支払いますから、受け取る会社のほうでも課税されると、二重課税のおそれがあります。そこで、受取配当金については、子会社など一定の要件に該当する場合は税務上益金不算入となります。Ａ社では営業外収益で益金不算入の受取配当金が 100 あります。

◆ 所得は税務申告書で計算する

　Ａ社の会計上の税引前当期純利益は 1,000 ですが、この金額は税務で

は損金とは認められない費用 1,500 と、益金とはならない収益 100 を含んで算定されたものです。そこで、その 3 つを税務申告書の別表四で調整します。

　すると、税務上の所得は会計上の税引前当期純利益 1,000 に税務では損金と認められない会計上の費用 1,500 を足し、益金にならない収益 100 を引いて 2,400 になります。この税務上の所得に実効税率 30% を掛けることにより法人税等の 720 が算定されます。そして、その算定された法人税等の金額 720 が損益計算書に戻り法人税等として記載されます。その結果、会計上算定された税引前当期純利益 1,000 から税務上算定された法人税等の 720 を引いて、最終の当期純利益は 280 になります。

◆ 差異が重要

　このように、法人税等の金額は税務申告書で会計上の利益をベースに、それを調整しながら計算されます。しかし、損益計算書ではその算定過程は明らかではなく、法人税等の結果だけが示されます。税引前当期純利益、法人税等、当期純利益との関係が不整合なときは、会計上の利益と税務上の所得が大きく食い違っているので、その原因を確認しておくことが必要です。上場企業では税効果会計を適用しているので、会計と税務の相違についてどのように調整したのか有価証券報告書で注記されています。しかし、非上場企業ではそうした注記がないため、損益計算書と税務申告書を比較することで差異の確認をする必要があります。

4. 損益計算書の赤字の深刻度

　会社が赤字になったときは、どの段階の損益から赤字になったかについて注目し、会社の深刻度を判断します。

◆ 損益計算書の各段階の赤字の意味

　会社の業績の悪化の兆候として最初に目につくのは、損益計算書の赤字です。会社は利益を上げることを目的として組織されたものですから、赤字になるのは異常事態です。それでも赤字になった場合は、赤字の深刻度を診断しなければなりません。赤字の症状は赤字が発生した各段階に応じて違います。損益計算書の各段階の利益の性格と、赤字になった場合の症状は次のように説明できます（**図表 5-8**）。

①売上総利益の赤字

　売上総利益は利益の一番の基礎です。売上総利益は人件費などの管理費を控除していない最も根源的な利益であり、製品力、商品力を表示しているといえます。

　売上総利益が赤字になることは余りないのですが、もし、この段階で赤字だということになれば、そもそも取り扱う製品や商品に魅力がないということですから、商売する意味がありません。この場合は、製造過程の大胆なリストラ、あるいは製品や商品の大幅な入れ替えなどの相当思い切った手を打たなければなりません。

②営業利益の赤字

　営業利益は会社の財務体質などを考慮しない純粋な会社の本業の収益力を示すものです。いわば、会社の核となる実力の利益といえます。

　営業利益の赤字も相当深刻な事態です。営業利益の赤字は本業に欠陥が

あることになります。利益体質にするには本業そのものを改革しなければなりません。本業の改革は売上を増大するか経費を削減するかですが、どちらも容易なことではありません。

③経常利益の赤字

　経常利益とは、本業だけでなく財務も含めて、会社全体が特別の要因がなければ、毎期経常的に発生すると予想される利益です。

　営業利益は黒字で経常段階が赤字になるのは、本業の問題は少ないが（低収益体質ではあるでしょうが）、会社の借入金などが多過ぎるために営業外収支のマイナスが足を引っ張ったからです。経常利益の赤字も問題です。このまま事態が変わらないとしたら、毎期経常的に赤字を計上することになるからです。ただ、この場合、本業は利益体質なのですから、財務体質さえ改善してやればいいことになります。財務体質の改善とは遊休資産の売却による借入金の返済や増資、債権者の債権放棄（債務免除）などです。

④税引前当期純利益の赤字

　税引前当期純利益は特別損益を含めた法人税等以外のすべての損益の合計です。

　経常利益は黒字だが税引前当期純利益が赤字なのは、特別損失が大きかったからです。特別損益とは固定資産や投資有価証券の売却などに係る損益です。特別損失は毎年定期的にあるものではありませんので、翌年度以降発生しないとすれば会社の利益体質としては特に問題ないといえます。ただ、赤字の原因となった特別損失が本当に当期固有のものかどうかということは、確認しておく必要があります。場合によっては、本来は売上原価や販売費及び一般管理費、営業外費用として落とさなければならない費用を特別損失としているケースもあるからです。

⑤当期純利益の赤字

　税引前当期純利益から法人税等負担額を控除すれば、当期純利益が算出されます。税引前当期純利益までは黒字だが、当期純利益が赤字になることもあります。これは法人税等負担額の控除額が、税引前当期純利益より大きいことによります。税引前当期純利益までは黒字ですから、問題は少ないといえますが、レアケースであるだけに、税金の納付に意外な問題が潜んでいる可能性がありますので、確認の必要はあります。

◆ 損益計算書の上の赤字ほど深刻

　損益計算書は上記のように5つの損益が表示されていますが、その中で重要なのは、営業利益、経常利益、当期純利益の3つです。営業利益が黒字で経常利益が赤字の会社は営業外費用が大きかったことになりますし、経常利益が黒字で当期純利益が赤字の会社は特別損失が大きかったのか、法人税等負担額が大きかったのかのどちらかになります。

　当然、損益計算書の赤字は上部で発生するほど、病状は深刻です。ただ、決算書を作るほうもそのことは承知していますから、できるだけ上のほうの利益を黒字にしたいと考えます。たとえば、本来特別利益にすべき有価証券売却益を営業外収益に計上するとか、あるいは本来売上原価にすべきたな卸関連損失を特別損失に計上する、などということもあり得ますから、赤字の場合はその原因の確認をしておく必要があります。

図表 5-8　赤字の深刻度

損益計算書	評価	深刻度
(1) 売上総利益から赤字	問題外	重い
(2) 営業利益から赤字	本業の改革が必要	⬆⬇
(3) 経常利益から赤字	財務体質の改善が必要	
(4) 税引前当期純利益から赤字	特に問題ない	
(5) 当期純利益から赤字	レアケース	軽い

その他の計算書

第6章

1. キャッシュフロー計算書

　キャッシュフロー計算書とはキャッシュがどのように生まれ、何に使われたのかを分かりやすく説明する計算書です。

◆ 日常の事業運営ではキャッシュが重要

　企業活動の最終目標は株主財産の増加であり、そのためには利益を上げなければなりません。その関係を最もよく表現できるのは、貸借対照表と損益計算書です。損益計算書の最終利益が、株主財産を表現する貸借対照表の自己資本の増加につながるという構造です。決算書が利益と、その結果である株主財産の状況だけの表示でよいとすれば、貸借対照表と損益計算書があれば十分ということになります。

　しかし、会社の内容をつかむには利益だけを見ていては足りません。利益は、複式簿記で損益を認識し、算定される計算上の概念です。日常の経営で大切なのは概念ではなく実体です。その実体を表現しているのがキャッシュなのです。

　日々の商品代金や経費の支払はキャッシュで行いますし、設備投資を行うにもキャッシュが必要です。また、借入金の返済にもキャッシュがなければなりません。いくら損益計算書で利益を上げていても契約どおりに債務の支払ができなければ、倒産してしまいます（これを黒字倒産といいます）。利益は当然重要ですが、通常の事業運営でより大切なのはキャッシュです。経営の車の両輪として、利益とキャッシュの動向を把握しておかなければなりません。

　利益の増加は最終的には必ずキャッシュの増加につながります。ただ、この「最終的には」ということは「会社を解散するときには」ということです。普通の会社は解散を想定しておらず、半永久的に活動することを前提に決算書を作っていますから、会社が継続する限り、利益とキャッシュは

一致しません。したがって、利益とは別にキャッシュの動きが分かる計算書が必要になるのです。それがキャッシュフロー計算書です。

　なお、キャッシュフロー計算書の作成は上場企業などの大企業では法定化されていますが、それ以外の企業では作成が義務づけられていません。この点が大企業と中小企業の決算書の大きな違いになります。

◆ キャッシュフロー計算書の内容

　キャッシュフロー計算書は以下の3区分に分けて表示されます（**図表6-1**）。

①営業活動によるキャッシュフロー

　営業活動によるキャッシュフローは本業でのキャッシュフロー獲得額を表示します。本業による利益は損益計算書で示されています。しかし、損益計算書の利益はキャッシュの出入りとは直接関係なく、発生主義により計算しますから、利益とキャッシュが一致しません。キャッシュフロー計算書では、損益計算書の税引前当期純利益をベースにキャッシュフローと利益の違いを調整していきます。

　たとえば、商品は納入し、売上及び利益は計上済みだが、その売上代金がまだ入金されていない、ということがあります。会計上は利益と認識しましたが、キャッシュとしてはまだ入金せず、貸借対照表の現金が増えずに売掛金が増えています。この場合は、キャッシュフローは利益より少なくなりますから、売掛金の増加分を税引前当期純利益から減算します。また、減価償却費は会計上は費用ですが、キャッシュとしては流出していません。減価償却費の計上により利益は減少していますが、貸借対照表の現金は減っていません。この場合は税引前当期純利益に減価償却分を加算することになります。

②投資活動によるキャッシュフロー

企業は成長するためには投資しなければなりません。どこに投資をしているのかを表示するのが投資活動によるキャッシュフローです。自分の会社内で成長しようとすれば、土地・建物・機械といった有形固定資産に投資をすることになります。一方、M&Aで他社を買収することにより成長しようとすれば、子会社株式や投資有価証券が増加します。

企業は拡大するばかりではありません。場合によっては撤退が必要なときもあります。そのときは固定資産や、子会社株式、投資有価証券などを売却して資金を回収することになります。

③財務活動によるキャッシュフロー

営業活動によるキャッシュフローや投資活動によるキャッシュフローの結果、資金が足りなくなったり、余剰になったりします。その最後の調整をするのが財務活動によるキャッシュフローです。資金の調整は借入金や社債、株式などで行います。資金が足りなくなれば借入金を借りたり、株式を発行したりします。余れば、借入金を返済したり、自己株式を取得したりします。配当金の支払も財務活動によるキャッシュフローに含まれます。

営業活動、投資活動、財務活動によるキャッシュフローの合計額が当期のキャッシュフローの増減額となります。現金及び現金同等物の期首残高に、この増減額を合計したものが現金及び現金同等物の期末残高になります。

図表 6-1　キャッシュフロー計算書

	＊年＊＊月期	＊年＊＊月期
Ⅰ　営業活動によるキャッシュフロー 　　税引前当期純利益 　　減価償却費 　　引当金の増加額 　　売上債権の増減額 　　たな卸資産の増減額 　　仕入債務の増減額 　　　　　　　　など 　　　小 計 　　法人税等の支払額 ＜営業活動によるキャッシュフロー＞		
Ⅱ　投資活動によるキャッシュフロー 　　有形固定資産の取得による支出 　　有形固定資産の売却による収入 　　有価証券の取得による支出 　　有価証券の売却による収入 　　　　　　　　など ＜投資活動によるキャッシュフロー＞		
Ⅲ　財務活動によるキャッシュフロー 　　借入による収入 　　借入の返済による支出 　　株式の発行による収入 　　自己株式の取得 　　配当金の支払額 　　　　　　　　など ＜財務活動によるキャッシュフロー＞		
現金及び現金同等物の増減額		
現金及び現金同等物の期首残高		
現金及び現金同等物の期末残高		

2. 株主資本変動計算書

　株主資本等変動計算書は当期中の純資産の変動要因について説明しているものです。

◆ 株主財産の増減を表示

　決算書の最大の目的は、会社のオーナーである株主に対して株主財産の状況を報告することです。資産から負債を引いたものが純資産ですが、この純資産全体が株主財産ではありません。実質的な株主財産は前に説明したとおり、決算書上では表示されませんが、一般的には純資産の中の株主資本と評価・換算差額等を合計した自己資本とされています。株主は自己資本を中核とした純資産の詳細な増減情報を求めています。

　純資産の増減の結果は貸借対照表を前期と当期で比較して見れば分かりますが、それだけでは十分ではありません。株主としてはなぜ純資産が増えたのか、あるいは減ったのかを知らなければなりません。純資産の増減理由を知ることにより、配当や自己株式取得などの株主に対する還元策や新株発行などの資金調達の考え方が分かり、今後この会社の株式を保有するのかしないのかの重要な判断材料になるからです。その増減の内訳を一覧で表示しているのが株主資本等変動計算書です。

◆ 株主資本等変動計算書の様式

　株主資本等変動計算書の様式は**図表 6-2** のようになっています。横軸に貸借対照表の純資産の各項目を記載します。縦軸には純資産の変動要因を記載します。縦軸は、一番上に純資産の前期末残高を、一番下に当期末残高を記入します。純資産の前期末残高は前期末の貸借対照表の純資産残高に、当期末残高は当期末の貸借対照表の純資産残高に一致します。前期末残高と当期末残高の間で、期中に純資産がどのような原因で変動したか

を記載します。横軸には純資産の内訳を記載します。純資産には帳簿上確定した株主財産としての株主資本と、資産の評価損益である評価・換算差額等や新株予約権があります。

図表 6-2　株主資本等変動計算書

	株主資本										評価・換算差額等			新株予約権	純資産合計
	資本金	資本剰余金			利益剰余金				自己株式	株主資本合計	その他有価証券評価差額金	繰延ヘッジ損益	評価換算差額等合計		
		資本準備金	その他の資本剰余金	資本剰余金合計	利益準備金	その他利益剰余金		利益剰余金合計							
						＊＊積立金	繰越利益剰余金								
前期末残高															
当期変動額															
新株の発行															
剰余金の配当															
当期純利益															
自己株式															
＊＊＊＊															
株主資本以外の当期変動額															
当期変動額合計															
当期末残高															

◆ 株主資本の増減の理由

　純資産の中核である株主資本の増減要因の主たるものについて説明します（**図表 6-3**）。

図表 6-3　株主資本の主たる増減要因

原因	株主資本の増減	発生項目
当期純利益 当期純損失	増加 減少	繰越利益剰余金 繰越利益剰余金
配当	減少	繰越利益剰余金 その他の資本剰余金
増資（新株発行）	増加	資本金 資本準備金
自己株式の取得	減少	自己株式

◆ 当期純利益による増加

　株主の財産である株主資本は、期初から期末にかけて増加するのが普通です。それは当期純利益があるからです。普通に事業活動を行えば、損益計算書の最終利益である当期純利益は黒字となり、この当期純利益が株主資本等変動計算書の繰越利益剰余金の項目にプラス項目として記入されます。それ以外に何もなければ、当期純利益分だけ株主資本は増加します。逆に、損益計算書の最終利益がマイナスで当期純損失になった場合は、その分だけ株主資本は減少することになります。

　株主資本等変動計算書の当期変動額のうち毎期必ず存在するのは、この当期純利益（または当期純損失）だけです。残りの項目は出てくる場合も出てこない場合もあります。

◆ 増資による増加

　増資をして新株の発行を行っても株主資本は増加します。この場合は資本金と資本準備金が増えます。当期純利益でも株主資本は増加しますが、当期純利益によるものと新株発行によるものではその意味合いは大きく違います。

　当期純利益は会社が事業活動によって稼いだことによる株主財産の増加ですから、内部留保の増加です。株主にとっては純粋に株式投資による儲けになります。一方、増資による株主資本の増加は株主が自分の財産を会社に入れたに過ぎません。これは払込資本の増加になります。株主にとっては自分の財産を他から会社に移しただけですから、会社の株主財産が増えたとしても株主自身のトータルの財産としては増えているわけではありません。

　しかし、債権者から見ると、内部留保だろうが払込資本だろうが株主資本が増加すれば、財務体質が強化され債務返済能力が高まることに違いはありません。

◆ 配当と自己株式の取得

　株主資本の減少要因として重要なのは配当です。配当は会社財産の株主への分配ですから、株主資本は減少します。配当は会社の稼ぎ出した利益から配当する場合は、繰越利益剰余金の減少になります。配当は株主が払い込んだ払込資本から配当することもでき、そのときはその他の資本剰余金が減少します。同じ配当といっても、会社が稼いだ利益からなのか、株主が元々払い込んだ資金からなのかということで、その性格はかなり違いますので、配当がどこから出ているかは株主資本変動計算書で識別してください。

　配当と並んで株主還元の重要な柱である自己株式の取得を行うと、その分株主資本は減少します。自己株式の取得による株主資本の減少は株主資本の最後から控除されます。

第7章 連結財務諸表

1. 連結財務諸表とは

上場企業の決算は連結中心になっています。そうした流れを受け、非上場企業でもグループ企業を有する場合は連結財務諸表が重視される傾向にあり、連結財務諸表の重要性は一層高まっています。

連結財務諸表は親会社を中核とする企業グループ全体の業績を表現したもので、親会社の株主財産を表現するものとして、個別財務諸表より適したものといえます。

（1） 連結財務諸表は誰のために作成するのか

連結財務諸表は極めて重要です。上場企業において単に財務諸表といえば、連結財務諸表を指すのが普通であり、株価も連結の業績を見て動いています。しかし、その重要度の割には、連結の内容については意外と理解されていないのが現状です。本稿では連結財務諸表の習得に欠かせない、その基本的な構造について説明します。まず、連結財務諸表の目的から考えてみましょう。

◆ 連結の目的は親会社株主への財産報告

個別財務諸表は親会社個別を、連結財務諸表は親会社を中心とした企業グループを表現しているから、この2つはまったく別物と考えている人がいるかもしれません。個別と連結では確かにその表現方法は大きく違いますが、実はその最終目的は変わりません。

個別財務諸表の目的はいうまでもなく、親会社単体の株主財産を適正に報告することです。では、連結財務諸表の目的は何でしょう。連結財務諸表は親会社を含めた企業グループ全体の株主に対する報告ではありません。連結財務諸表の目的も、やはり親会社の株主に対する財産報告なのです（**図表 7-1**）。

図表7-1　個別財務諸表と連結財務諸表

分類	目的	グループ企業業績
個別財務諸表	親会社の株主に対して、親会社株主財産の適正な報告	反映されない
連結財務諸表	親会社の株主に対して、親会社株主財産の適正な報告	反映される

◆ 個別は親会社の株主財産を適正に表示しない

　個別財務諸表では、株主財産は貸借対照表における自己資本として表現されています。しかし、そこで表現される自己資本は親会社の株主財産を正確に表現しているとはいえません。なぜなら、親会社の傘下にある子会社や関連会社の業績を正しく反映していないからです。

　一方、連結財務諸表は子会社や関連会社の業績を取り込んで表示されています。その意味で、親会社の株主財産は連結財務諸表においてより適正に表現されているといえます。だからこそ、財務諸表といえば、連結財務諸表を指すのであり、親会社の株価は親会社個別財務諸表ではなく、連結財務諸表に反応するのです。

（2）　個別財務諸表の問題点

◆ 個別は現金主義

　前述したとおり、個別財務諸表でも企業グループの実情を表現していないわけではありません。なぜなら、親会社はグループ会社の株式を所有していますから、その所有している株式は貸借対照表の固定資産に関係会社株式として表示されているからです。この金額を見れば、親会社がグループ企業にいくら投資をしているか分かります。また、投資しているグループ企業から配当があれば、その受取配当金が損益計算書の営業外収益に計上されることにより当期純利益に反映され、それは最終的に貸借対照表の繰越利益剰余金を通して純資産を増加させます。この場合、最終の貸借対照表では、グループ会社の株式残高に変動はなく、受取配当金分だけ現金

と純資産が増加してバランスする形になっています。

　これは現金主義という表現方法です。現金の授受がない限り、親会社の財務諸表への影響はありません。したがって、グループ企業がどんなに好業績を上げていても配当をしない限り、親会社の財務諸表には反映されません。また、原則的に株式を売却しない限り、貸借対照表の関係会社株式の簿価は変わりません（ただ、所有しているグループ企業の株式価値が大きく下がった場合は、減損処理をしなければなりません）。これはこれで、グループ企業の親会社への貢献度を表現する1つの方法だとはいえます。

◆ 個別では子会社業績を適正に反映できない

　しかし、こうした考え方で作成された財務諸表は、正しく親会社の業績を表現しているといえるのでしょうか。たとえば、業績は非常に良好だが、将来の成長のために配当をしない子会社があったとします。子会社の業績はいいのですから、親会社の所有する子会社株式の価値は上がっているはずです。しかし、子会社は配当をしませんから、現金主義では親会社の個別財務諸表には、貸借対照表も損益計算書もまったく優良子会社の業績が反映されません。この配当をしない優良子会社の業績が親会社の個別財務諸表に表現されるのは、親会社が子会社株式を売却したときです。優良子会社なので、株式の価値は実質的に向上しているのに対し、親会社が所有している子会社株式の簿価は取得時点から変わっていないのですから、株式を売却すれば当然株式売却益が計上されます。

　このように、親会社の個別財務諸表では子会社株式を所有している間、子会社の業績はまったく反映されず、最後に一挙に表現されるのです。あるいは、子会社ですから親会社はこの株式を最後まで売却しないかもしれません。その場合、最後まで子会社の業績を親会社の財務諸表に反映させることはできません。

　子会社の好業績による子会社株式価値の上昇は、子会社株式を売却したときに急に実現しているわけではなく、親会社が所有している期間の中で

徐々に形成されているはずです。したがって、その価値の実現度合いに応じて親会社の株主財産も増加しなければなりません。個別財務諸表ではその株主財産の増加を反映できないのです。そこで、グループ会社の業績を適時に親会社の財務諸表に表現する手段として登場するのが連結財務諸表です。

図表 7-2　グループ企業の価値の認識方法

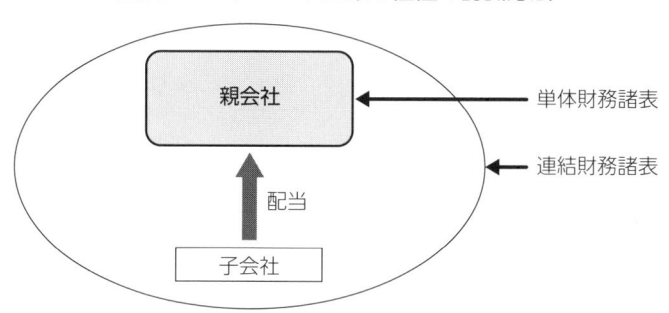

図表 7-3　子会社株式の価値認識

財務諸表	認識基準	認識する時点
個別	現金主義…現金として入金したときに認識	配当、子会社株式売却
連結	実現主義…子会社業績に応じて認識	子会社の財務諸表に対応

2. 連結の範囲

（1） 連結財務諸表に含まれる会社

　ここでは、連結財務諸表に含まれる企業グループについて説明します。連結財務諸表に業績が反映されるグループ企業は、親会社が支配している子会社と、支配しているとまではいえないが、影響力がある関連会社があります。子会社は全部連結、関連会社は持分法により、連結財務諸表に業績が表示されます。

◆ 事業に責任を持つ会社

　連結財務諸表とは前述したとおり、グループに所属する企業の事業実績を親会社の財務諸表に表現する会計手法です。親会社と同じ財務諸表に表示するのですから、親会社とグループ企業の間には事業としての統一性がなければなりません。別の言い方をすれば、親会社がグループ企業の事業に責任を持つかどうかがポイントになります。

　事業に責任を持てば、そのグループ企業の株式は簡単には売却できません。統一的な事業運営を行うのですから、ある程度長期で保有することになります。そうした株式を保有していれば、その株式がたとえ上場され、マーケット・プライスがついていても、そのマーケット・プライスで時価評価して、親会社の連結財務諸表に反映させるのは親会社の資産評価として適当ではありません。この場合はマーケット・プライスではなく、その会社の事業成績を親会社の連結財務諸表に反映させるのが適当ということになります。

　親会社と一体で事業を行う会社の株式はグループ会社として、連結財務諸表に組み入れられ、それ以外の会社の株式は普通の株式評価をされます。

◆ 関係会社…子会社と関連会社

　親会社の連結財務諸表に事業成績を反映させる会社を関係会社といいます。関係会社は親会社と関係が深いので、その事業成績を親会社の連結財務諸表に反映させますが、その反映の仕方は一様ではありません。親会社との関係の深さの濃淡により連結の方法は2つに分かれます（**図表7-4**）。

　親会社に資本的にも人的にも完全に支配され、一体で事業運営しているとされる会社は子会社となり、全部連結が適用されます。一方、親会社と関係はあるのですが、支配されているとまではいえない会社は関連会社となり、持分法により連結されます。

図表7-4　関係会社

	子会社	関連会社
親会社との関係	深い	浅い
経営への関与度	支配している	影響力がある
親会社事業の同一性	同一	同一とまではいえない
連結財務諸表の組入れ方法	全部連結	持分法

◆ 子会社は全部連結

　親会社と極めて関係が深く、親会社に支配されている会社は子会社となります。子会社は親会社に支配されているのですから、親子会社の事業は実質同一と考えます。

　ある事業を親会社内の一事業部門で行っているのと、別組織の子会社で行っているのは、経営的に見て本質的差異はありません。そこで、連結財務諸表では親会社でやっている事業も子会社で行っている事業も一体として表示します。この表示の仕方を全部連結といいます。

　損益計算書では子会社の収益・費用は親会社の収益・費用と合算します。そして、そのトータルの差額として連結の利益を計算します。貸借対照表では、子会社の資産・負債は親会社とまったく同様に連結財務諸表の資産・負債に含めます。そして、そのトータルの差額として連結の純資産を算定します。

連結財務諸表では、子会社になれば親会社と同様の扱いになると考えてください。

◆ 関連会社は持分法

しかし、グループ企業には事業の関連性はあるが同一とまではいえない会社があります。そうした会社を関連会社と呼びます。関連会社は親会社と経営の統合性はあるにしても、子会社に対するような完全な支配が確立しているわけではなく、関連会社としての経営の独立性は保持しています。

この場合も親会社の連結財務諸表に関連会社の事業成績を反映させますが、子会社のように収益・費用・資産・負債をそのまま取り込むのは適当ではありません。関連会社の場合は、持分法という手法で親会社の連結財務諸表に関連会社の経営成績を表示させます。持分法は、子会社のように収益・費用・資産・負債を全部合算するのではなく、関連会社の最終結果だけを、親会社の株式所有割合に応じて、持分法損益という形で取り込みます。

連結財務諸表は関係会社（親会社、子会社、関連会社）の経営成績を、親会社の財務諸表を中核にして、子会社は全部連結で、関連会社は持分法により、一体として表示したものです。

◆ 一般株式は時価評価または取得原価

上記のように、事業に責任を持つ会社については、親会社の責任の濃淡に応じて、子会社、関連会社として事業成績を連結財務諸表に反映させます。一方、事業にはまったく関係を持たず、単に投資として所有している株式もあります。子会社や関連会社などの事業に責任を持つ会社の株式は容易に売買できませんが、それ以外の株式は原則として自由に処分可能です（相互に株式を持ち合い、暗黙で売買を制限している場合もあります。そうした株式を持合株式といいます）。

事業に責任を持たない会社の株式について、事業成績を連結財務諸表に

反映させることは適当ではありません。そこで、子会社、関連会社株式以外の株式は一般株式として、マーケット・プライスのついている上場会社株式は時価で、それ以外の非上場株式は原価で評価します。

（2）　子会社の要件

　親会社が実質的に支配している会社は子会社、親会社が影響力を持っている会社が関連会社になります。ここでは、具体的にどういった条件があれば、子会社なり、関連会社になるのか見ていきます。その判断は株式保有割合をベースに、その他の条件も加味して行われます。

　連結財務諸表では、親会社と子会社との事業成績の開示について本質的な差異はなく、子会社は親会社と完全に一体とみなされます。親会社の支配下にあるとみなされる会社が子会社になります。これを支配力基準と呼びます。子会社が親会社の支配下にあるかどうかの判定は**図表 7-5** のと

図表 7-5　子会社の判定基準

ケース	議決権保有割合	一定の事実
A	50％ 超	必要なし
B	40％ 以上 50％ 以下	①自己と緊密者、同意者で過半数の議決権 ②自己の役員・従業員（現在または過去）が取締役会構成員の過半数 ③財務、営業、事業の方針決定を支配する契約等の存在 ④資金調達額の過半について融資・債務保証・担保提供 ⑤その他意思決定機関を支配している事実の存在 　①～⑤のうちいずれか 1 つに該当する
C	0％ 以上 40％ 未満	自己と緊密者、同意者で過半数の議決権 　　　　かつ ①自己の役員・従業員（現在または過去）が取締役会構成員の過半数 ②財務、営業、事業の方針決定を支配する契約等の存在 ③資金調達額の過半について融資・債務保証・担保提供 ④その他意思決定機関を支配している事実の存在 　①～④のうちいずれか 1 つに該当する

おりです。

◆ 議決権保有割合が 50% 超

会社の最高意思決定機関は株主総会ですから、株主総会を支配することができれば会社を自由に操れます。そこで子会社かどうかの判定基準の第一は議決権保有割合になります。議決権保有割合が 50% を超えていれば、株主総会で役員の選任・解任等の普通決議案件を議決することができますから、会社を支配できることになります。したがって、議決権保有割合が 50% を超えていれば、その事実だけで支配力基準に該当し子会社になります。これは図表7-5のケースＡです。支配力基準の前の形式基準の時代は、この議決権保有割合だけで判定していましたが、今ではそれだけではなく以下のように実質的支配を裏付ける事実があれば子会社になります。

◆ 議決権保有割合が 50% 以下

図表 7-5 のＢのケースは、議決権保有割合は 40% 以上ですが過半数に届いていません。この場合でも、親会社の役員や従業員で取締役会を支配している、などという一定の定性的事実に 1 つでも該当すれば、親会社は支配しているとみなされ子会社になります。

図表 7-5 のケースＣは親会社の直接的の議決権保有割合は 40% にも達していません。こうした場合でも子会社になることがあります。それには、まず議決権の保有割合が親会社の直接保有分に加え、親会社と同じ意思を持つ者が保有する割合が過半数を超えること前提になります。その上で、Ｂのケースと同様に取締役会の支配などの一定の定性的事実に 1 つでも当てはまれば子会社になります。

子会社の判定基準の第一要素は当然に議決権のある株式の保有割合をどれだけ持っているかということです。それが大前提にはなりますが、それだけではありません。株式保有というのは名義株や親会社と同じ意思を持つ個人や法人に株式を持たせるといった手段で簡単に偽装することができ

ます。過去、形式基準の時代において、そうした手法を使った連結はずしが横行したため現在のような実質支配力基準になりました。極端なことをいえば、親会社の直接的な株式保有割合が 0 でも他の条件に該当し支配していると認定されれば、子会社になることがあります。

（3）　関連会社の要件

　関連会社は子会社ほどには親会社との関係が強くなく、親会社の事業と一体とまでは見ることはできません。ただ、親会社の影響力はあるため、親会社の連結財務諸表に持分法という方法で関連会社の業績を取り込みます。関連会社は親会社から支配まではされていないが、強い影響力を受けている会社です。その判定基準は**図表 7-6** のようになっています。

図表 7-6　関連会社の判定基準

ケース	議決権保有割合	一定の事実
A	20% 以上	必要なし
B	15% 以上 20% 未満	①代表取締役等役員の就任 ②重要な融資を行っていること ③重要な技術提供を行っていること ④重要な営業上、事業上の取引の存在 ⑤財務・営業・事業の方針に重要な影響を与えるとされる事実の存在 　①〜⑤のうちいずれか 1 つ
C	0% 以上 15% 未満	自己と緊密者、同意者で 20% 以上の議決権 　かつ ①代表取締役等役員の就任 ②重要な融資を行っていること ③重要な技術提供を行っていること ④重要な営業上、事業上の取引の存在 ⑤財務・営業・事業の方針に重要な影響を与えるとされる事実の存在 　①〜⑤のうちいずれか 1 つ

◆ 議決権保有割合が 20% 以上

　関連会社も子会社と同様にその判定の基礎となるのは議決権の保有割合です。議決権保有割合が 20% 以上あれば、それだけでその会社に対する影響力はあるということで関連会社になります（当然子会社には該当しない場合です）。この 20% という水準は、子会社の判定の 50% 超の場合における株主総会の普通決議が議決できるというような明確な法律的基準がバックにある数字ではなく、やや曖昧な基準といわざるを得ません。ただ、他の会社に 20% の株式を所有されていれば、その会社は株式を所有している会社の意向を無視することができないという意味で、株式を所有している会社は所有されている会社に対して影響力があるということはできます。したがって、20% 以上所有していれば、それだけで関連会社になります。これが図表 7-6 のケース A です。

◆ 議決権保有割合が 20% 未満

　図表 7-6 のケース B は、議決権保有割合は 20% には達しませんが 15% 以上ある場合です。こうした場合でも、親会社の関係者が代表取締役等の役員に就任しているなどの一定の事実に 1 つでも該当すれば、影響力があるということで関連会社になります。

　ケース C は親会社直接の議決権保有割合が 15% にも達していません。この場合でも関連会社になる場合があります。それは、親会社と同じ意思を持つ者が保有する議決権の割合が 20% 以上あるというのが大前提になります。その上でケース B と同様に一定の影響力を与える事実に 1 つでも該当すれば、関連会社になります。

　関連会社の判定の第一の要素は子会社と同様に議決権保有割合ですが、それだけではありません。議決権保有割合を前提として、影響力を生じさせる一定の事象が存在すれば関連会社となります。

3．100% 子会社の全部連結

（1）　連結開始時点

　ここからは、実際に連結財務諸表がどのように作成されるかを見ていきます。いきなり「連結財務諸表」といわれると、敬遠される人もいるかもしれませんが、順を追って見ていけば、決して難しくありませんので、安心してついてきてください。

◆ 子会社の利益と自己資本がポイント

　連結財務諸表とは前にも述べたとおり、親会社の株主財産をより適切に表現するためのものです。したがって、親会社の財務諸表がベースになります。親会社の財務諸表に子会社の財務諸表をどのように取り込むかが連結財務諸表のポイントです。ここから、設例に基づき連結財務諸表の解説をしていきますが、その中で、子会社の利益と自己資本が親会社の連結財務諸表にどのように反映されるのか、ということに着目しながら、読んでいただきたいと思います。

◆ 連結貸借対照表だけ連結

　まず、最初に親会社が子会社の全株式を所有する 100% 子会社の場合です。親会社が 100% 株式を所有する会社を完全子会社といいます。完全子会社の連結は単純です。親会社と子会社の財務諸表を単純に合算するのが基本です。

　順を追って説明したほうが理解しやすいので、ある会社が他の会社の株式 100% を買収して子会社化したところからスタートします（**図表 7-7**）。

　A 社（資産 500、負債 300、自己資本 200）は B 社（資産 300、負債 200、自己資本 100）を買収して子会社にします。A 社は B 社株式の 100% を B

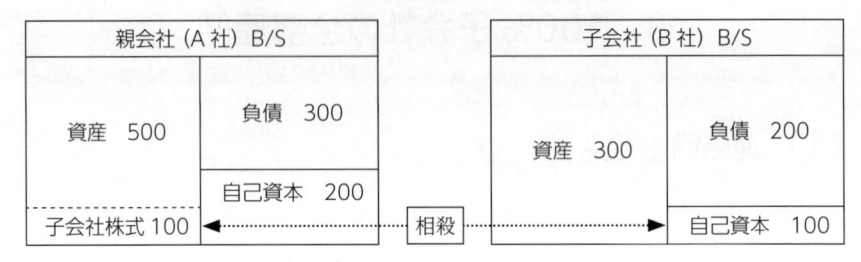

図表 7-7　個別貸借対照表 (買収時点)

親会社 (A 社) B/S	
資産　500	負債　300
	自己資本　200
子会社株式 100	

相殺

子会社 (B 社) B/S	
資産　300	負債　200
	自己資本　100

図表 7-8　連結貸借対照表 (買収時点)

連結 B/S	
資産　700 (親会社分 500 －子会社株式 100 ＋子会社分 300)	負債　500 (親会社分 300 ＋子会社分 200)
	自己資本　200 (親会社分 200)

社自己資本と同額の 100 で買収しました。買収金額と買収される子会社の自己資本は同額ですから、のれんは発生しません（のれんについては後述します）。

　図表 7-7 は、親会社が子会社を買収したときの親・子会社の貸借対照表です。親会社 A 社個別の貸借対照表では資産として子会社株式 100 を保有しています。親会社は子会社株式の 100% を所有していますから、この時点で連結財務諸表を作成しなければなりません。

　連結前の子会社の損益は親会社の連結財務諸表に貢献していませんから、連結開始時点では貸借対照表だけ連結します。

◆ 子会社株式と子会社自己資本を相殺消去

　図表 7-8 が連結開始時点の連結貸借対照表です。100% 子会社ですから、親・子会社の資産・負債を単純合算します。ただ、図表 7-7 で親会社の所有する子会社株式 100 は子会社の資産・負債の差額としての自己資本を購

入したものですから、子会社の資産・負債を連結に取り込むときには、親会社が所有する子会社株式と子会社の自己資本は相殺しなければなりません。

したがって、連結貸借対照表の総資産は親会社分が 500 ですが、そこから親会社所有の子会社株式 100 を引き、それに子会社の総資産 300 を加えた 700 になります。総負債は親会社分 300 と子会社分 200 を合計した 500 になります。連結貸借対照表の自己資本は資産 700 から負債 500 を引いた 200 になります。その結果、連結上表示される株主財産である自己資本は、子会社分は加算されずに親会社分のみとなります。結局、連結開始時点では子会社の自己資本は連結上の自己資本としてはカウントされず、連結上の自己資本は親会社の自己資本だけから構成されることになります。

これまで述べてきたことを仕訳で表示したのが**図表 7-9** 連結仕訳です。①でいったん、子会社の資産・負債・自己資本を 100% と連結に組み込みます。しかし、子会社の自己資本は親会社が所有している子会社株式と同じですから②で両者を相殺消去しています。

ここでは、親子会社間に内部取引がないという前提で、連結財務諸表を作成していますが、もし、内部取引があればそれは相殺消去しなければなりません。たとえば、親会社が子会社に貸付をしているような場合には、親会社の資産の貸付金と子会社の負債の借入金を相殺消去します。

その結果、図表 7-8 が A 社グループスタート時点の連結貸借対照表になります。ここから、親会社 A 社と子会社 B 社がそれぞれ事業を行っていきます。次は、会社買収以後の第 1 期の連結財務諸表がどうなるかを説明します。

図表 7-9　連結仕訳

①子会社の資産・負債を連結する仕訳
（借方）資産　300　　　　　　　　　　　（貸方）負債　200
　　　　　　　　　　　　　　　　　　　　　　　　自己資本　100

②親会社所有の子会社株式と子会社自己資本を相殺する仕訳
（借方）自己資本　100　　　　　　　　　（貸方）子会社株式　100

（2） 連結第1期

　前項では、別の会社を買収して100%子会社を抱え、企業グループを形成したときの連結財務諸表（連結1期目なので、連結貸借対照表のみ）を作成しました。以下では、それをベースに、連結がスタートして1期目の連結財務諸表を説明します。

◆ 連結損益計算書

　子会社との連結がスタートしていますから、ここからは当然損益計算書も連結しなければなりません。**図表7-10**は親会社、子会社、そして連結の損益計算書です。親子会社間の内部取引はありません。親会社の売上は800、当期純利益は180、子会社の売上は200、当期純利益は60です。100%子会社の損益計算書は単純です。図表7-10のように親会社と子会社の損益を単純合算します（もし、親子会社間で内部取引があれば、その分は相殺し、控除されます）。そうすると連結では売上が1,000、当期純利益が240になります。したがって、連結では子会社がこの期間に稼いだ利益が100%親会社利益に加算されます。

図表7-10　損益計算書

	親会社損益計算書	子会社損益計算書	連結損益計算書
売上高	800	200	1,000
営業利益	300	100	400
営業外収益	0	0	0
経常利益	300	100	400
税引前当期純利益	300	100	400
法人税等	120	40	160
当期純利益	180	60	240

◆ **連結貸借対照表**

　連結貸借対照表は連結損益計算書のように単純合算だけとはいかず、少し操作が必要になります。**図表7-11**は親・子会社それぞれの貸借対照表です。親会社、子会社とも損益計算書の当期純利益分（親会社180、子会社60）だけ貸借対照表の資産と自己資本が連結開始時点に比べ増加しています（前述した連結開始時点の貸借対照表と比較してみてください）。この親・子会社の貸借対照表を連結します。

　100% 子会社ですから、前述したとおり、基本的には単純合算します（**図表7-13**連結仕訳の①）。ただ、前述した連結開始時点と同様に、親会社が保有する資産の子会社株式100と子会社の連結開始時点の自己資本100は相殺します（図表7-13連結仕訳の②）。すると、連結貸借対照表は**図表7-12**のようになります。総資産は親会社の680に子会社の360を足して親会社所有の子会社株式100を引いて940、総負債は親会社300と子会社200を単純合算した500になります。その結果、連結の自己資本は資産940から負債500を引いた440になります。

　ここで注目してほしいのは、連結貸借対照表の自己資本440のうちの子会社貢献分です。親会社の自己資本380は当然すべて連結の自己資本になります。子会社の自己資本160のうちの連結に貢献するのは連結後の獲得利益60ということになります。連結開始時点の自己資本は連結上の自己資本は構成しません。連結の自己資本に組み込まれる子会社の利益は連結開始後に獲得した利益だけになります。

図表7-11　個別貸借対照表

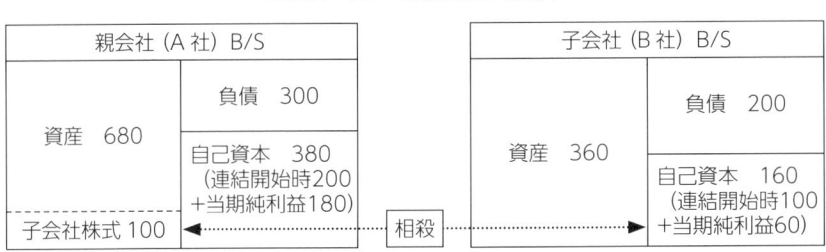

連結 B/S	
総資産　940 （親会社分 680 －子会社株式 100 ＋子会社分 360）	総負債　500 （親会社分 300 ＋子会社分 200）
	自己資本　440 （親会社分 380 ＋子会社分 60）

図表 7-13　連結仕訳

①子会社の資産・負債を連結する仕訳
（借方）資産　360　　　　　　　　　　（貸方）負債　200
　　　　　　　　　　　　　　　　　　　　　　自己資本　160

②親会社所有の子会社株式と子会社自己資本を相殺する仕訳
（借方）自己資本　100　　　　　　　　（貸方）子会社株式　100

4.　100% ではない子会社の全部連結

　前項では、100% 子会社の連結財務諸表について説明しました。しかし、子会社は 100% 子会社ばかりではありません。ここでは、親会社の株式所有が 100% 未満の場合の子会社の連結財務諸表について説明します。

（1）　非支配株主持分

　親会社の株式所有が 100% に満たない場合に必ず発生するのが「非支配株主持分」です。

◆ 連結財務諸表特有の用語

　連結財務諸表には、個別財務諸表にはない特有の用語があります。「連結財務諸表を理解する」ということは、連結財務諸表特有の用語の意味を理解するということにほかなりません。非支配株主持分はその連結財務諸表特有の用語の代表例だといえます。

　前述のとおり親会社が子会社の株式 100% を取得している子会社のことを「完全子会社」といいます。完全子会社には非支配株主持分は出てきません。非支配株主持分は親会社の子会社株式保有比率が 100% 未満の場合に発生します。

◆ 子会社自己資本のうちの親会社所有分以外

　図表 7-14 は連結開始時点の親会社、子会社の個別貸借対照表です。この事例では親会社は子会社の株式 100% を所有していません。これから、連結財務諸表を作ります。

　連結財務諸表とは親会社の株主財産である自己資本をより適正に表現するためのものです。ここでは、「親会社の」というところが重要です。子

147

会社の自己資本は関係ありません。

　子会社の個別の自己資本は連結という見地から見ると、親会社所有と親会社以外の 2 つの構成要素に分割できます。そのうち、親会社以外の所有分が非支配株主持分になります。そのことを**図表 7-14** を使って説明します。

　子会社の自己資本のうち、親会社所有分は図の⑦です。この⑦の部分は親会社が子会社株式として買収した部分ですから、これに相当する分は親会社個別貸借対照表の資産の中に子会社株式②として計上されています。②と⑦は個別ではそれぞれ別個に計上されていますが、同じものを裏表から見ているに過ぎません。これをそのまま連結に計上すると、同じものを二重に計上することになってしまいますから、連結貸借対照表を作成する場合は相殺しなければなりません。

図表 7-14　親会社、子会社の個別／連結貸借対照表

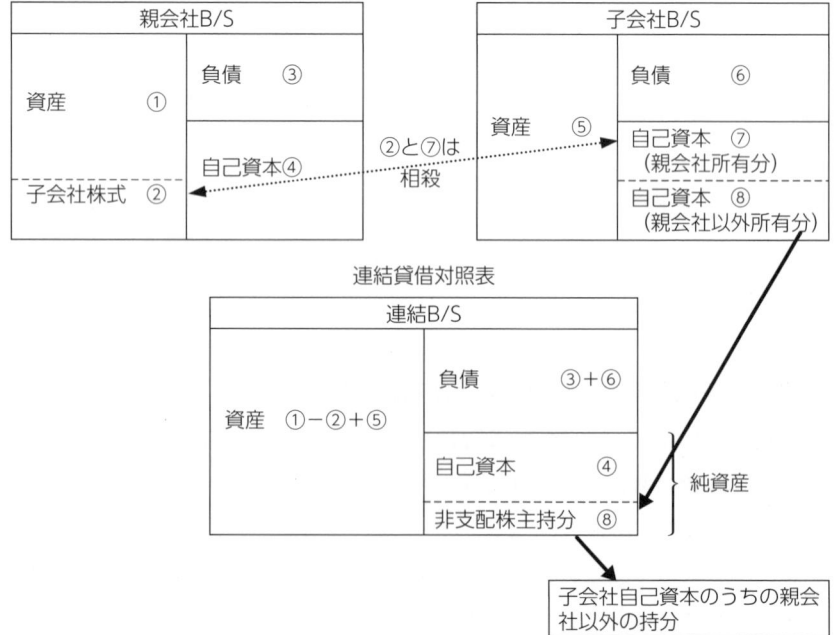

　そうすると、子会社の自己資本には親会社以外の所有分の⑧が残ります。この残った⑧を連結財務諸表でどのように表現するかです。これは親会社以外の者が所有している分ですから、連結上の自己資本に入れてはいけません。これが親会社以外の持分という意味での「非支配株主持分」になります。

◆ 連結貸借対照表

　その結果、図表 7-14 下部分が連結貸借対照表です。連結上の資産は親会社資産①と子会社資産⑤を合計したものから親会社所有の子会社株式②を控除したものになります。負債は親会社③と子会社⑥を単純合計したものです。自己資本は親会社分④のみになります。そして、子会社自己資本のうちの親会社所有分の⑦は親会社の資産勘定にある子会社株式②と相殺されなくなってしまいますから、親会社以外の所有分⑧だけが連結上残ります。これが非支配株主持分です。

　この部分は連結開始時点の連結貸借対照表ですから、子会社の自己資本のうち連結上の自己資本にカウントされる部分はありませんが、連結が開始されると子会社の稼得利益のうちの相応の部分は連結上の自己資本になります。つまり、連結後に子会社が生んだ利益は、親会社が所有する分とそれ以外の持分とに案分され、それぞれ連結の自己資本、非支配株主持分に加算されていくことになります。

◆ 貸方の第三の利害関係者

　この非支配株主持分は連結貸借対照表では、どのように考えたらいいのでしょう。個別の貸借対照表では、貸方の登場人物は会社に資金を提供するものとして 2 人いました。負債として返済しなければならない債権者と、自己資本として表現される返済不要の株主です。

　非支配株主持分は子会社のうちの親会社以外の所有者の持分です。これは明らかに負債として登場する債権者ではありません。かといって、日本では、連結財務諸表を親会社の株主に対する報告とする親会社説に立って

いますから、株主とも認められません。

　結局、非支配株主持分は債権者でも株主でもない第3の登場人物です。連結貸借対照表の貸方の登場人物は個別とは違い3人いるのです。非支配株主持分は連結貸借対照表における表示としては負債ではないことから純資産に含められますが、株主財産としての自己資本からは除外されます（**図表7-15**）。

図表7-15　連結貸借対照表の純資産の内訳

純資産の項目	株主資本・自己資本・純資産		
Ⅰ　株主資本	株主資本	自己資本	純資産
Ⅱ　評価・換算差額等			
Ⅲ　新株予約権			
Ⅳ　非支配株主持分			

　次項から、この非支配株主持分を利用して、連結財務諸表を作成していきます。

（2）　連結開始時点

◆ 支配力基準で子会社に

　親会社が持つ子会社の株式は 100% とは限りません。前に説明したとおり、100% 未満の株式保有比率でも、親会社に支配力があるとみなされれば子会社となり、その子会社は連結に含めなければなりません。

◆ 60% の株式を購入

　図表7-16 の A 社が B 社の株式の 60% を購入して、子会社にしました。株式の購入価額は 60 だったとします。B 社の自己資本は 100 であり、その 60% 分は 60 になりますから、A 社の株式の購入価額は B 社の自己資本のうちの持分相当分と同じ金額だったことになります。したがって、のれんは発生しません（のれんについては後述します）。

　図表 7-18 は A 社が B 社株式を購入したときの仕訳です。その結果、
親会社の貸借対照表の資産には子会社株式が 60 で載ります（図表 7-16）。

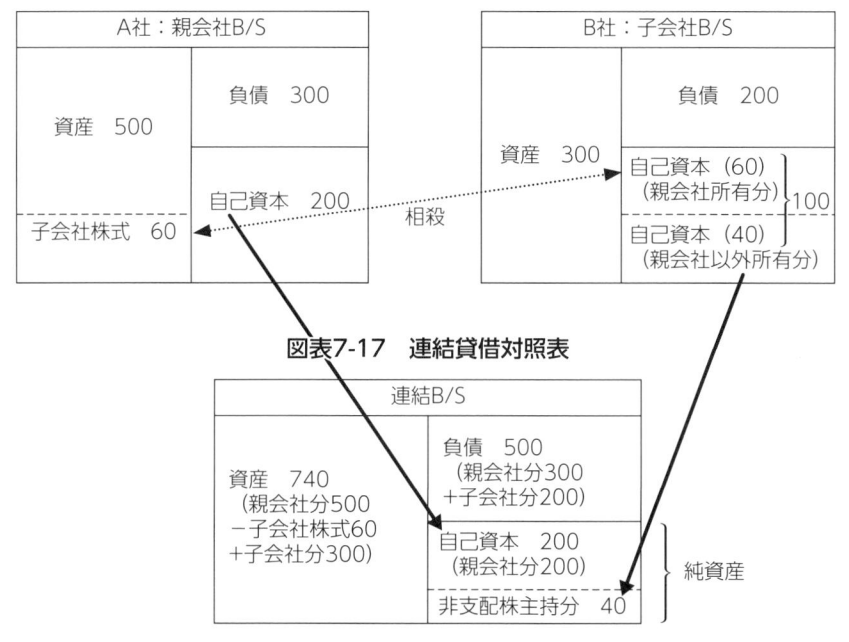

図表 7-16　個別貸借対照表

（A社はB社株式の60%を所有）

図表7-17　連結貸借対照表

図表 7-18　A 社が B 社の株式を購入するときの仕訳

（借方）子会社株式　60　　　　　　（貸方）現金　60

図表 7-19　連結仕訳

①子会社の資産・負債を連結する仕訳
（借方）資産　300　　　　　　　（貸方）負債　200
　　　　　　　　　　　　　　　　　　　　自己資本　100

②親会社所有の子会社株式と子会社自己資本を相殺する仕訳
（借方）自己資本　100　　　　　　（貸方）子会社株式　60

　　　　　　　　　　　　　　　　　　　　非支配株主持分　40

　この状況で連結します。連結開始時点ですから、貸借対照表のみの連結になります。この場合は 100% 子会社ではありませんが、やはり全部連結ですから、単純合算が基本です。**図表 7-19** の連結仕訳①で子会社の資産・負債を全部合算するのは、100% 子会社の場合と同じです。

　しかし、連結仕訳②が違います。連結開始時点では子会社の自己資本は連結上の自己資本にはなりませんから、全額消去しなければなりません。ところが、親会社の所有している子会社株式は 60 ですから、子会社の自己資本 100 のすべてを消去できません。ここで登場するのが前項で説明した非支配株主持分です。

　非支配株主持分とは子会社自己資本のうちの親会社以外の持分をいいます。このケースでいえば 40 が非支配株主持分になります。この非支配株主持分 40 が連結貸借対照表に出現するのです。

◆ 連結貸借対照表

　そうすると、連結貸借対照表は前出の**図表 7-17** のようになります。資産は親会社の 500 と子会社の 300 を合計し、そこから親会社所有の子会社株式 60 を引きますから、740 になります。

　負債は親会社分 300 と子会社分 200 を合計し、500 になります。100% 子会社の場合と同様に、連結上の自己資本は親会社の 200 だけになります。

　違うのは、子会社資本のうちの親会社持分以外の分が、非支配株主持分として出てくることです。この非支配株主持分は連結貸借対照表の純資産を構成することになりますが、自己資本には含めません。

（3）　連結第 1 期

　前項で連結が開始されました。今度は連結第 1 期です。親会社の持株

比率は 60% ですが、子会社であることには変わりがありません。子会社の連結は、持株比率にかかわらず、とにかく全部連結です。全部連結は単純合算が基本です。

◆ 連結損益計算書

　図表 7-20 の損益計算書を見てください。一番右側の連結損益計算書は単純合算すると、100% 子会社の場合の全部連結とまったく変わらないことになってしまいます。

　100% 子会社は親会社が子会社の株式を 100% 所有しているのですから、親会社が子会社の利益を全部取り込んでも構いません。しかし、今度は 60% 子会社です。親会社が取り込んでいい子会社の利益は、その60% です。100% 取り込むと 40%（100% − 60%）は取り込み過ぎです。この 40% は親会社の利益ではなく、親会社以外の株主、つまり非支配株主の利益です。したがって、単純合算の当期純利益 240 から、子会社の当期純利益 60 のうちの非支配株主に相当する 40% 分の 24（60 ×40%）を控除しなければなりません。

　そこで図表 7-20 のとおり、単純合算の 240 を当期純利益とした上で、その当期純利益を「非支配株主に帰属する当期純利益」24 と「親会社に帰属する当期純利益」216 に分割して表示します。

　なお、親会社に帰属する当期純利益 216 は親会社個別の当期純利益180 と子会社の当期純利益 60 のうちの親会社の持分相当額 36（60 ×60%）の合計になります。

	親会社	子会社	連結損益計算書
売上高	800	200	1,000
営業利益	300	100	400
営業外損益	0	0	0
経常利益	300	100	400
税金等調整前当期純利益	300	100	400
法人税等	120	40	160
当期純利益	180	60	240
非支配株主に帰属する当期純利益 　親会社株主に帰属する当期純利益			24 216

◆ 連結貸借対照表

　図表 7-21 は個別の貸借対照表です。前項の連結開始時点を見比べてほしいのですが、親会社・子会社とも損益計算書の当期純利益の分だけ資産及び自己資本が増加しています。

　そして、**図表 7-22** が連結貸借対照表です。連結で注目すべきは自己資本の動向です。親会社の自己資本 380 は全額文句なく連結の自己資本になりますが、子会社の自己資本はそういうわけにはいきません。

　まず、当初の連結時点の自己資本は子会社株式と非支配株主持分で相殺されますから、連結の自己資本にはなりません（**図表 7-23** の②）。問題は子会社の獲得した当期純利益のうちのどれだけが連結の自己資本になるかです。子会社の当期純利益は 60 ですが、そのうちの 40% の 24 は非支配株主に帰属し（**図表 7-23** の③）、親会社持分 60% に相当する 36 だけが連結自己資本に算入されることになります。その結果、連結の自己資本は親会社分 380 と子会社分の 36 を合計した 416 になります。

　非支配株主持分は、当初連結時点で発生した 40（図表 7-23 の②）と当期純利益分 24（図表 7-23 の③）を合計した 64 になります。

図表 7-21　個別貸借対照表

親会社 B/S	
	負債　300
資産　680	
	自己資本　380 （連結開始時 200＋ 当期純利益 180）
子会社株式 60	

子会社 B/S	
	負債　200
資産　360	
	自己資本　160 （連結開始時 100 ＋当期純利益 60）

図表 7-22　連結貸借対照表

連結 B/S	
	総負債　500 （親会社分 300＋ 子会社分 200）
総資産　980 （親会社分 680 －子会社株式 60 ＋子会社分 360）	自己資本　416 （親会社分 380＋ 子会社当期純利益分 36）
	非支配株主持分 64 （当初分 40＋ 当期純利益分 24）

純資産

図表 7-23　連結仕訳

①子会社の資産・負債を連結する仕訳
（借方）資産　360　　　　　（貸方）負債　200
　　　　　　　　　　　　　　　　　自己資本　160

②当初の親会社所有の子会社株式と子会社自己資本を相殺する仕訳
（借方）自己資本　100　　　（貸方）子会社株式　60
　　　　　　　　　　　　　　　　　非支配株主持分　40

③子会社の当期純利益を非支配株主に振り替える仕訳
（借方）当期純利益　24　　　（貸方）非支配株主持分　24

5. 関連会社の持分法

子会社については、親子会社は一体と考え、子会社の収益、費用、資産、負債を連結財務諸表に取り込む全部連結という方法で連結しました。今回から説明する関連会社については、子会社ほどの一体性がないため、持分法という方法で連結財務諸表に関連会社の業績を取り込みます。

（1） 持分法

◆ 全部連結と持分法

子会社は親会社に支配されていて、子会社は親会社の意のままに動く会社と見ることができます。そのため、子会社を連結する手法である全部連結は子会社を親会社と一体とみなし、子会社の財務諸表は基本的にすべて連結財務諸表に取り込まれます。つまり、子会社の収益・費用は連結損益計算書の収益・費用になり、子会社の資産・負債も連結貸借対照表の資産・負債として計上されます。これは子会社が親会社と一体とみなされているからこその処理です。

しかし、関連会社は親会社から影響力は受けるけれど、親会社に支配されているわけではありません。その事業を親会社とまったく同一とみなすわけにはいきません。子会社に比べると関係性の薄い関連会社について、その資産・負債、収益・費用を連結財務諸表に取り込むのは適切ではありません。そこで採用されるのが持分法です。

◆ 株式価値の変動を表現する持分法

全部連結では親会社の所有する子会社株式と入れ替える形で、子会社の資産・負債を連結に取り込みました。しかし、持分法では関連会社の資産・負債を取り込むのではなく、親会社の所有する関連会社株式はそのまま活

かします。関連会社の業績は親会社の所有する関連会社株式の価値に跳ね返ると考えます。

　株式の価値は株式を発行している会社の業績に応じて変わります。その会社が損益計算書で利益を計上すると、貸借対照表の自己資本が増加します。株式の価値はその会社の自己資本を反映して増減すると考えられます。

　たとえば、当初は自己資本の少ない会社の株式を取得したとします。株式取得後その会社が好業績を上げ自己資本を大きく増加させれば、当初取得時点では安かった株式の価値も向上しています。持分法ではそうした株式価値の変動を連結財務諸表の関連会社株式に反映させます。具体例で見ていきましょう。

（2）　連結開始時点

◆ 連結貸借対照表

　図表7-24 は株式取得時点の状況です。A社は資産300、負債200、自己資本100の会社です。親会社はA社株式の30％を30で取得し、A社をグループに取り込みました。そのため、親会社の個別の貸借対照表の資産に関連会社株式として30が計上されています。これから、株式取得時点の親会社の連結財務諸表を作ってみましょう。株式取得時点ですから、損益計算書は関係ありません。連結貸借対照表だけを作ることになります。

図表7-24　株式取得時点の個別貸借対照表

親会社 B/S	
資産　500	負債　300
	自己資本　200
関連会社株式 30	

関連会社（A社）B/S	
資産　　300	負債　200
	自己資本　100

◆ 関連会社株式の実質価値

これまで説明した子会社に対する全部連結では子会社の資産・負債を取り込み、親会社所有の子会社株式は子会社の自己資本と相殺していました。その結果、親会社の連結貸借対照表には子会社株式という勘定は出てきませんでした。

しかし、親会社は A 社株式の 30% を保有しているだけですから、子会社ではなく関連会社になります。関連会社では全部連結ではなく、持分法が適用されます。持分法では関連会社の資産・負債を連結財務諸表に取り込むことはしません。親会社が所有している関連会社株式という勘定科目を活かし、この関連会社株式の実質価値を評価します。

株式取得時点の関連会社の実質価値はいうまでもなく取得価額の 30 です。キャッシュを 30 出して実質価値 30 の A 社の株式を取得したのですから、連結上の自己資本には何の影響も与えません。

持分法では関連会社の資産・負債は合算せず、この関連会社株式という勘定科目はそのまま活かしますから、親会社の財務諸表がそのまま連結の財務諸表になります（**図表 7-25**）。株式取得時点ですから、この例でいえば、連結貸借対照表は個別の親会社貸借対照表と同じになります。

ここから、関連会社である A 社の業績に応じて、連結財務諸表の関連会社株式の価値が変動していくことを説明します。

図表 7-25　株式取得時点の連結貸借対照表

連結 B/S	
資産　500	負債　300
関連会社株式 30	自己資本　200

（3）　連結第 1 期

　前項で説明した連結開始時点の個別及び連結貸借対照表が出発点となります。

◆ 連結損益計算書

　今回は関連会社としてグループに組み入れ、事業を行っていますから、関連会社の損益も連結に取り込まなければなりません。

　図表 7-26 の（1）と（2）は第 1 期の親会社と関連会社 A 社の損益計算書です。ここから（3）の連結損益計算書を作成します。

　親会社の損益計算書は当然のことながら、連結の損益計算書の主体を構成します。したがって、（1）の親会社個別の損益計算書はそのまま（3）の連結損益計算書に含まれます。問題はここに（2）の関連会社の業績をどのように取り込むかです。

　関連会社は子会社のように親会社と完全に一体ではありませんから、子会社における全部連結のように、関連会社の収益と費用のすべてを連結に取り込むことはしません。関連会社の業績のうちの最終結果の親会社の持分相当額だけを連結に反映させます。つまり、関連会社の当期純利益に親会社の株式保有割合をかけたものが、連結に貢献する関連会社の業績をとなります。図表 7-26 でいえば、関連会社 A 社の当期純利益は 60 で親会社の株式保有割合は 30% ですから、60 × 30%=18 が連結の業績に組み込まれます。この関連会社の収益貢献分は連結の営業外収益に「持分法による投資利益」として計上されます（**図表 7-28** 連結仕訳）。もし、関連会社の最終損益が赤字になると、「持分法による投資損失」として営業外費用に計上されます。

　したがって、関連会社の業績は営業利益には反映されず、経常利益から出てくることになります。

	(1) 親会社	(2) 関連会社 A 社	(3) 連結	連結損益計算書の内容
売上高	800	200	800	親会社分
営業利益	300	100	300	親会社分
営業外収益 （持分法による投資利益）	0	0	18 (18)	60（関連会社当期純利益） × 30%=18
経常利益	300	100	318	親会社分 + 関連会社持分 法利益
税引前当期純利益	300	100	318	親会社分 + 関連会社持分 法利益
法人税等	120	40	120	親会社分
当期純利益	180	60	198	親会社分 + 関連会社持分 法利益

◆ 連結貸借対照表

　図表 7-27 は個別の貸借対照表です。親会社当期純利益が 180 ですから、自己資本は前期より 180 増加し 380 になっています。同様に関連会社 A 社の自己資本も当期純利益の 60 だけ増加し 160 になっています。

　前に説明したように、子会社に適用される全部連結では、親会社が所有する子会社株式と相殺する形で子会社の資産と負債を合算しましたから、子会社株式という勘定科目は連結貸借対照表には存在していませんでした。しかし、関連会社に適用される持分法の場合は、親会社の個別貸借対照表にある関連会社株式をそのまま活かします。

　前期 30（前述（2）の連結貸借対照表参照）で取得した関連会社株式の価値がどのように変わっているかを評価して連結に反映させます。この関連会社の株式の価値は関連会社の業績に応じて変わります。関連会社の最終利益は 60 ですから、この分だけ関連会社全体の自己資本は増加しています。その結果、親会社の所有する関連会社株式の価値もそれに応じて増加します。親会社の株式保有比率は 30% ですから、60 × 30%=18 だけ関連会社株式の価値が増加したと考えられます。そのため、図表 7-28 連

結仕訳を起こして関連会社株式の価値を増加させ、**図表 7-29** の連結貸借対照表が完成します。逆に、関連会社の最終損益が赤字になれば、関連会社株式の価値を減少させることになります。

図表 7-27　株式取得後 1 期間経過後の個別貸借対照表

親会社 B/S	
資産　680	負債　300
	自己資本　380 （連結開始時 200 ＋ 当期純利益 180）
関連会社株式　30	

関連会社 A 社 B/S	
資産　360	負債　200
	自己資本　160 （連結開始時 100 ＋ 当期純利益 60）

図表 7-28　連結仕訳〜関連会社の業績を持分法損益に反映する〜

（借方）関連会社株式　18　　　　　　（貸方）持分法による投資利益　18

図表 7-29　株式取得後 1 期間経過後の連結貸借対照表

連結 B/S	
資産　698	負債　300
	自己資本　398 （親会社分 380 ＋ 関連会社分 18）
関連会社株式　48	

◆ 持分法は株式評価方法の一種

　このように関連会社に適用される持分法は一種の株式の評価方法といえます。株式の評価方法といえば、時価評価が一番に頭に上ると思います。時価評価はマーケット・プライスで評価する方法ですが、持分法はその会社の業績で評価するものです。関連会社の場合の持分法は、その関連会社が上場されマーケット・プライスがついていてもマーケット・プライスではなく業績で評価することに注意してください。

6. 全部連結と持分法の相違点

　ここで、子会社に適用される全部連結と、関連会社に適用される持分法の相違点について整理しておきます。

　連結財務諸表においては、最終的に連結損益計算書の当期純利益と連結貸借対照表の自己資本が、全部連結と持分法でどのようになるかが重要です。

　親会社持分 60% の会社を例に全部連結と持分法で連結したときの相違を検証してみましょう（親会社持分 60% であれば子会社になり本来全部連結になりますが、ここでは比較のために仮に持分法で連結した場合として表現します）。

（1） 連結損益計算書

　図表 7-30 は親会社の持株比率 60% であるとき、子会社として全部連結される場合（A）と、関連会社として持分法で取り込まれる場合（B）の、連結損益計算書の表現の仕方を示したものです。

◆ 全部連結の場合

　（A）は子会社に対して適用される全部連結の場合です。全部連結では子会社の損益計算書をそのままいったんすべて連結に取り込みます。したがって、図表 7-30 のように、子会社の売上高から当期純利益までは 100% 連結損益計算書に加算されます。もし、100% 子会社であれば、子会社の損益計算書の最終結果である当期純利益を、そのまま連結損益計算書の当期純利益に加算して構いません。しかし、この子会社は、親会社の持株比率は 60% であり、残りの 40% の株式は非支配株主が所有しています。そこで、当期純利益を 2 つに分割し、当期純利益のうち 40% は「非

図表 7-30　連結損益計算書における全部連結と持分法の表示
（親会社持分 60%）

連結損益計算書	(A) 全部連結	(B) 持分法
売上高	100%	0%
売上原価	100%	0%
売上総利益	100%	0%
販売費及び一般管理費	100%	0%
営業利益	100%	0%
営業外損益 (持分法による投資損益)	100%	60% (60%)
経常利益	100%	60%
特別損益	100%	0%
税引前当期純利益	100%	60%
法人税等	100%	0%
当期純利益	100%	60%
非支配株主に帰属する当期純利益	40%	－
親会社株主に帰属する当期純利益	60%	60%

支配株主に帰属する当期純利益」、60% は「親会社に帰属する当期純利益」
として表示します。

◆ 持分法の場合

　今度は関連会社に適用される持分法です。子会社は親子会社一体の原則
から、子会社の全体を連結に取り込む必要がありますが、関連会社の場合
は、そこまでする必要性は乏しく、最後の親会社に帰属する当期純利益さ
え正確に表示できればいいだろうと考えます。

　そこで、(B) の持分法では損益計算書の途中経過は一切無視します。連
結損益計算書の目的がグループ企業の適正な当期純利益の算出にあるとす
るなら、関連会社の最終損益だけに着目すればいいと考えます。そこで、
関連会社の最終損益である当期純利益の 60% 分だけを最初から連結損益
計算書の営業外損益に「持分法による投資利益」として加算します。そう
すれば、全部連結のような複雑な操作をしなくても、「親会社に帰属する

当期純利益」においてどちらも同じ結果が得られることになります。

◆ 最終結果は同じだが途中経過が違う

確かに、最終結果を見れば、全部連結も持分法も同じ結論が得られます。しかし、財務諸表は最終ラインだけを見るものではありません。売上高や途中の利益も会社を判断する上で重要な要素です。その重要な要素が連結方法の違いによりまったく違った形で出てきます。

子会社になると、親会社の持分が60%でも売上高、営業利益、経常利益などは100%子会社と同様に加算されていきます。持分に比べれば過大に売上高、営業利益、経常利益が表現されているといえます。逆に持分法になると売上高や営業利益はまったく表現されておらず、経常利益から親会社持分相当する利益が表現されることになります。

このように100%持分ではない子会社の全部連結は売上や営業利益が過大に表示されることに注意してください。

（2） 連結貸借対照表

今度は、連結貸借対照表です。

◆ 重要なのは自己資本

図表7-31は資産500、負債300、つまり自己資本200のA社個別の貸借対照表です。A社は親会社の持株比率が60%の関係会社です。A社を子会社として全部連結した場合と、関連会社として持分法で取り込んだ場合の連結貸借対照表の違いについて説明します（連結損益計算書の説明と同様に、持株比率が60%であれば、本来、子会社として全部連結しなければなりませんが、ここでは仮に関連会社として持分法で連結すればどうなるかという前提で説明します）。

なお、分かりやすくするために、この個別貸借対照表の自己資本は全額

図表 7-31　連結される会社の A 社個別貸借対照表 (親会社持分 60%)

連結後に生じたものとします。したがって、親会社所有の子会社株式と相殺される部分の自己資本はありません。

　連結貸借対照表で重要なのは自己資本です。以下の説明では、連結される関係会社の自己資本が連結貸借対照表において、どれだけ自己資本として認められるかということに着目してください。

◆ 全部連結

　図表 7-32 は子会社として全部連結する場合に親会社の連結貸借対照表に加算される A 社の貸借対照表です。全部連結ですから、子会社の資産と負債はすべて親会社の連結貸借対照表に合算されます。ただ、このまま合算すると、連結でも自己資本は子会社個別と同じ 200 となってしまいます。しかし、この子会社の自己資本 200 をすべて親会社の連結自己資本とすることはできません。

　親会社の子会社に対する持分は 60% なのですから、連結の自己資本としてカウントできるのは 200 の 60% 部分だけです。つまり、親会社以外の株主の持分が過剰に自己資本として算入されていますから、その部分を控除しなければなりません。そこで、個別貸借対照表の自己資本 200 の 40% 部分の 80 は連結貸借対照表では非支配株主持分として自己資本から除きます。その結果、連結における自己資本は 120 となります (図表 7-32)。

図表 7-32　全部連結の場合に加算される A 社部分

連結 B/S	
資産　500	負債　300
	自己資本　120
	非支配株主持分　80

◆ 持分法

　図表 7-33 は持分法として連結に組み込んだ場合の連結貸借対照表です。連結貸借対照表で重要なのは自己資本であると前に述べました。そこで、持分法では、連結される会社の資産・負債はまったく考慮せず、自己資本だけに注目します。

　連結される A 社の自己資本は 200 で親会社持分は 60％ ですから、連結で自己資本にカウントされる金額は 200 × 60％＝120 です。ですから、この 120 を親会社が所有している関連会社株式の価値が上昇したとして株式価値を増加させ、その分自己資本も増加させるのです。持分法はこのように貸借対照表の資産・負債ではなく、関連会社株式という一行だけで自己資本の増減を表現するので、「一行連結」ともいわれます。

図表 7-33　持分法の場合に加算される A 社部分

連結 B/S	
資産　120 （関連会社株式 120）	負債　0
	自己資本　120

◆ **自己資本は同じだが、過程は違う**

　全部連結の図表 7-32 と持分法の図表 7-33 を見比べてください。連結貸借対照表で最も重要な株主の持分である自己資本の金額はともに 120 で変わりません。その意味では全部連結でも持分法でも最終結果は同じです。ただ、そこに至る過程はまったく違います。

　図表 7-32 の全部連結は資産・負債の差額として自己資本が表現されるのに対し、図表 7-33 の持分法は関連会社株式の価値の増加として、自己資本が表示されます。

　自己資本金額そのものの金額は変わらないにしても、その過程の違いは連結貸借対照表における自己資本比率の算出に際して大きな違いを生むことになりますから、注意が必要です。

7. のれん

「のれん」は連結財務諸表では不可欠の概念です。のれんの金額及びその償却は財務諸表だけではなく M&A 戦略にも大きな影響を与えます。

（1） 株式の買収価格

◆ のれんは合併や買収のときに発生

のれんとは、他の企業を合併や買収して、グループ化したときに発生します。以下では、企業の株式を買収してグループ化したときに生じるのれんについて説明します。

多くの会社の連結財務諸表にはのれんが計上されているのに、本書のこれまでの説明でのれんが出てこなかったのには理由があります。というのは、今までは説明を分かりやすくするために、買収される会社の帳簿上の自己資本と、その株式の買収金額が一致するという前提で説明をしてきたからです。たとえば、帳簿上の自己資本が 100 で、その株式の 100% 買収であれば買収価額は 100 としましたし、60% の買収であれば 60 という具合です。株式の買収価格が買収側の企業の自己資本と一致する場合は、のれんは発生しません。

しかし、実際の株式の売買価格は帳簿上の自己資本どおりに決まるわけではありません。そのときにのれんが登場します。

◆ 上場株式は株価がベース

株式の価格は他の商品と同様に需要と供給の一致する点で決まります。どんなに帳簿上の自己資本が少ない会社であっても、その会社の株式を買いたいという人が多くいれば、株式の売買価格は上がります。逆に財務諸表上の自己資本がいくら多くても、買いたい人が少なければ、株式の売買

価格は下がります。

　株式の需給関係は、上場株式なら株価（市場価格）として表示されます。したがって、上場株式は株価をベースに売買価格を決定します。

◆ 非上場株式は将来キャッシュフロー

　非上場株式は市場価格がありませんから別途計算し、その計算結果をベースに売り手と買い手が交渉し決めることになります。計算方法は一律に決められているわけではありません。計算に際して第一に考えるべきことは、購入者が株式投入のために投下した資金を回収できるかということになりますから、会社が将来キャッシュをどれくらい稼げるかということがポイントになります。

　会社の現在の状況と事業計画から、会社の将来キャッシュフローを計算します。ただ、将来キャッシュは現在のキャッシュとは等価ではありません。現在株式を購入するための1万円はここにあるキャッシュです。しかし、計算で求めた1年後の1万円は実際その金額になるかどうかは不確実な金額です。したがって、1年後の1万円を現在の1万円と比べるときには一定の割引率で割り引く必要があります。その割引率は期間が長くなるほど大きくなります。こうして集計した金額を将来キャッシュフローの現在価値といいます。この金額が非上場株式の価格算定のときの最も重要な要素とするのが普通です。無論、これだけではなく現在の純資産の状態、ブランド力、技術力などその他の状況を加味して、売り手と買い手の折り合いのつくところで価格が決まります（**図表 7-34**）。

◆ のれんとは株式の買収価格と自己資本の差額

　上場会社のマーケット・プライスにしろ、非上場会社の将来キャッシュフローの現在価値にしろ、どちらにしても、株式の売買価格は買収される会社の帳簿上の自己資本に一致する保証はありません。ほとんどが違う金額になります。この株式の買収価格と買収される会社の自己資本の差額が

のれんになります (**図表7-35**)。

図表7-34　株式の売買価格の決定

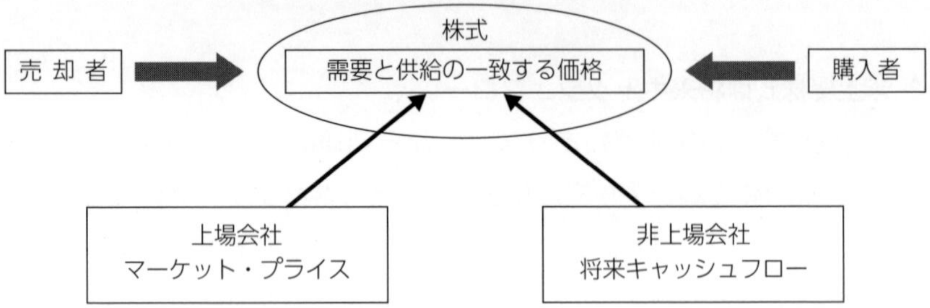

図表7-35　のれん

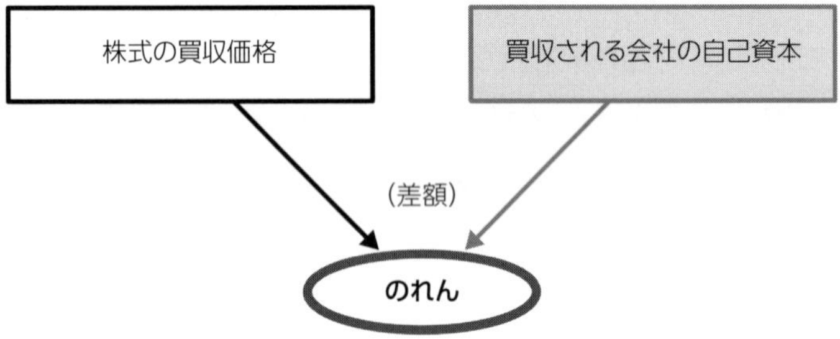

（2）　のれんの算定

　のれんは分かったような、分からないような概念ですが、大型の M&A が頻発する近年の企業会計では極めて重要な事項です。連結財務諸表にのれんが出てきた場合には、その意味を正しく理解しておかなければなりません。

◆ 会社の実力は収益獲得能力

　会社を単なる実物のある資産と返済すべき負債のかたまりと見れば、のれんは発生しません。M&A で会社を取得しても、それは必ず普通の土地・建物・借入金といった通常見慣れた資産・負債として貸借対照表に計上されるからです。

　しかし、会社は売却のために資産・負債を保有しているわけではなく、収益獲得のために保有しています。収益獲得能力こそ会社の真の実力です。会社の買収とは単に所有する資産・負債を購入することではなく、会社の収益獲得能力を評価して、株式を買い取ることになります。その株式買収価額が買収される会社の資産と負債の差額としての自己資本額を超過した金額がのれんになります。それが、のれんが「超過収益力」であると表現される理由です。

◆ 帳簿上の資産、負債は同じでも買収価格は違う

　たとえば、**図表7-36**のA社とB社はまったく同じ金額の資産と負債を持っています（資産に含み損益はありません）。その結果、当然ですが自己資本も同じになります。さて、ここで別の会社がA社とB社の株式全部を買収するとします。もし、その会社がA社とB社が所有する資産・負債だけが欲しいなら、買収価額は両社とも自己資本の200で同じになるはずです。

　しかし、先ほど述べたとおり、会社の買収は所有している資産・負債だけを目的としているわけではありません。会社トータルとしての収益力の獲得を目指します。会社を買収すれば、所有する資産や負債だけでなく、そこに働く従業員や取引先も一緒に移動します。A社はB社に比べて従業員が優秀で高い収益力を上げているとすれば、A社の株式買収価額はB社より高くなります。たとえば、B社株式の買収価額が300でA社株式の買収価額が500ということになったとします。帳簿上同じ資産・負債を持っていても、買収価額は違ってくるわけです。この差は両社の収益獲得能力の差ということになります。

　帳簿上の自己資本額を超える買収価額は、土地や建物といった実物資産として貸借対照表に計上できません。帳簿上の自己資本額200を超える株式の買収価額、つまりA社では300、B社では100がのれんということになります。

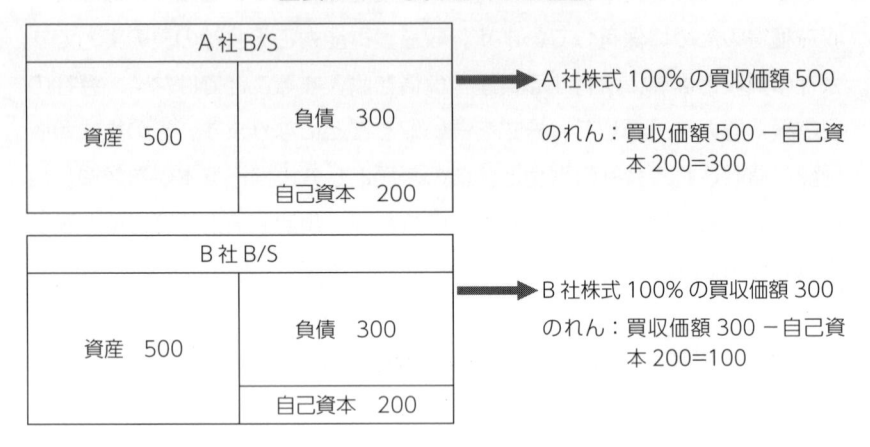

図表 7-36　異なるのれん金額

◆ **含み益がある場合**

　先の例では資産に含み益はないとしていましたが、資産に含み益があったらどうなるのでしょう。連結財務諸表を作成する場合は個別における含み益は実現させてのれんを計上しますから、のれんは純粋に超過収益力だけになります。

　たとえば、**図表 7-37** の C 社では土地の簿価は 100 ですが、評価額は 200 だったとします。つまり、含み益が 100 ある状態です。この C 社の株式の 100% を先ほどと同様に 500 で購入したときののれんの金額を計算します。この場合、連結上の土地は個別の 100 ではなく、実質の評価額 200 に評価替えして計上します。したがって、個別の帳簿上の自己資本は 200 ですが、含み益を勘案した連結上の自己資本は 300 になります。その結果、のれんの金額は株式買収価額 500 から連結上の自己資本額 300 を引いた 200 になります。つまり、のれんの金額は含み益を含まない純粋な超過収益力だけとなります。

　こうした場合は資産の個別上の簿価と連結上の簿価が異なってくることにも注意してください。

図表 7-37　含み益がある場合

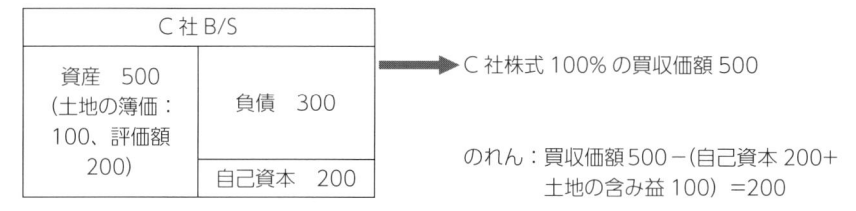

（3）　正ののれんと負ののれん

　（1）で説明したように、株式の買収価格は上場会社ではマーケット・プライス、非上場会社では将来キャッシュローの現在価値などを基準にして決まります。そのように決まった価格は買収対象会社の自己資本額を上回ることも、下回ることもあります。

　上回る場合と下回る場合で会計処理がどのように違うのか、設例で見てみましょう。

◆ 正ののれん

　図表 7-38 の例で、A 社が B 社を買収するとします。B 社の貸借対照表は、資産 500、負債 300 で、帳簿上の自己資本は 200 です。A 社は B 社の株式の 100% を買い取ります。その買収価格が 300 だったとします。すると、親会社 A 社の貸借対照表の資産には子会社株式として 300 が計上されます。さて、これで親会社 A 社の連結財務諸表を作ります。

　A 社は B 社株式の 100% を所有していますから、全部連結します。子会社の資産・負債はすべて連結に取り込みます（**図表 7-39** の連結仕訳①）。しかし、連結開始時点の子会社の自己資本は親会社株式と相殺しなければなりません。その相殺の仕訳が図表 7-39 の連結仕訳②です。子会社の帳簿上の自己資本 200 に対し、相殺の対象となる親会社が所有する子会社株式は 300 ですから、相殺しきれない子会社株式（株式買収価額）100 が借方に残ります。これが正ののれんになります。その結果、連結貸借対

照表は**図表 7-40** のようになります。のれんは貸借対照表の固定資産に計上され、建物等の有形固定資産の減価償却と同様に定期償却を行います（のれんの償却については後述します）。

図表 7-38　個別貸借対照表（正ののれん）

親会社 A 社 B/S	
資産　1,000	負債　600
	自己資本　400
子会社株式　300	

子会社 B 社 B/S	
資産　500	負債　300
	自己資本　200

図表 7-39　連結仕訳（正ののれん）

①子会社の資産・負債を連結
　（借方）資産　500　　　　　　　（貸方）負債　300
　　　　　　　　　　　　　　　　　　　　自己資本　200

②親会社所有の子会社株式と子会社自己資本を相殺
　（借方）自己資本　200　　　　　（貸方）子会社株式　300
　　　　　のれん 100

図表 7-40　連結貸借対照表（正ののれん）

連結 B/S	
資産　1,300	負債　900
	自己資本　400 （親会社分　400）
のれん　100	

◆ 負ののれん

　株式の買収価額は買収される会社の自己資本額を上回るのが通常ですから、のれんは図表 7-40 のように連結貸借対照表の資産に出てくるのが普通です。しかし、まれですが、のれんが負債に出てくることもあります。

　先ほどと同様に、A 社が B 社の株式を買収するとします。図表 7-38 では株式の買収価額が 300 でしたが、今度は**図表 7-41** のように B 社の株式買収価額が 100 だったとします。つまり、買収対象会社 B 社の帳簿上の自己資本 200 より安い価格で株式を購入できたことになります。そこで、連結貸借対照表を作ります。

　まず、**図表 7-42** の連結仕訳①のように子会社となる B 社の資産、負債を全部取り込みます。次に、親会社所有の子会社株式と子会社の自己資本を相殺すると、連結仕訳②に見られるように、のれんは貸方に出てくることになります。こうしたのれんを「負ののれん」といいます。

　負ののれんが発生した場合は、以前は、次に説明する正ののれんと同様な処理をしていました。つまり、負ののれんをいったん、貸借対照表の固定負債に計上し、その後、定期償却を行っていました。資産を償却すれば費用が発生しますが、負債を償却すると利益が出ます。したがって、負ののれんが貸借対照表の負債にあれば、その償却により利益が発生する構造になっていました。

　ところが、負ののれんの会計処理は 2010 年から以下のように変更になりました。つまり、定期償却により利益を分割するのではなく、図表 7-42 の③のように、負ののれんが発生した年度に、一括して利益計上することになったのです。この利益は連結損益計算書の特別利益に計上されます。その分、連結貸借対照表の自己資本が増えることになります（**図表 7-43**）。

図表 7-41　個別貸借対照表（負ののれん）

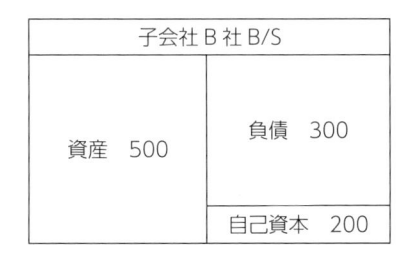

図表7-42　連結仕訳（負ののれん）

①子会社の資産・負債を連結
（借方）資産　500　　　　　　　（貸方）負債　300
　　　　　　　　　　　　　　　　　　　　自己資本　200

②親会社所有の子会社株式と子会社自己資本を相殺
（借方）自己資本　200　　　　　（貸方）子会社株式　100
　　　　　　　　　　　　　　　　　　　　のれん　100

③のれん処理
（借方）のれん　100　　　　　　（貸方）負ののれん発生益100
　　　　　　　　　　　　　　　　　　　　（特別利益）

図表7-43　連結貸借対照表（負ののれん）

連結 B/S	
資産　1,400	負債　900
	自己資本　500 （親会社分　400） （負ののれん発生益100）

（4）のれんの償却

　のれんは日本の会計基準では20年以内で定期償却を行わなければならないのに対し、アメリカ会計基準や国際会計基準では定期償却は行わず、のれんの価値が大きく減少したときにだけ、減損処理を行います。

◆ のれんは価値が減るのか減らないのか

　前述したように、正ののれんは貸借対照表の固定資産に計上されます。固定資産には減価償却する資産としない資産があります。使用しても価値の減らない土地のような資産は減価償却不要ですが、建物や機械のように使用に伴い徐々に価値が減少する資産は減価償却が必要です。

　では、のれんはどちらなのでしょう。のれんは超過収益力と表現されま

すが、超過収益力とは時間の経過に伴い価値が減るのでしょうか、あるいは減らないのでしょうか。何百年も続いた老舗ののれんであれば、価値は減らないような気がしますし、単なる新製品効果といったのれんであれば、その超過収益力はいずれ減退するようにも思えます。

◆ 定期償却か減損か

　こうした対立した思想から、のれんの償却については 2 つの考え方があります。1 つはのれんの永続性を一応認め定期償却はせず、実際にのれんの原因たる超過収益力がなくなったときに、一気に全額を減損として落とすというものであり、もう 1 つはのれんの永続性は保証されたものではなく、いずれはなくなると考え、固定資産の減価償却と同様に何年かにわたって定期償却を行うという方法です（**図表 7-44**）。

　アメリカ会計基準や IFRS（国際会計基準）では定期償却はしません。したがって、買収した子会社の収益力が続く限りのれんは継続的に計上されます。しかし、その子会社の収益力が落ちのれんの価値がなくなると認められると、そのときには減損として一括償却をしなければなりません。

　一方、我が国では後者の定期償却を行う会計基準を採用しています。償却期間は 20 年を最長期間として、その効果の及ぶ期間内に定額で償却していきます。ただし、その期間内において超過収益力がなくなったと認められるときには、減損処理を行わなければなりません。定期償却によるのれん償却費は連結損益計算書の販売費及び一般管理費で、減損の一時償却は特別損失で落とします。

　前述したとおり、貸方に発生する負ののれんは以前は固定負債に計上し、定期償却を行っていましたが、2010 年より「負ののれん発生益」として発生した年度に一括して利益計上されることになりました。

◆ 定期償却の有利・不利

　こののれんの償却方法の違いは、IFRS と日本の会計基準の大きな相違

点の１つです。近年、国内外を問わず、大型の M&A が活発に行われるようになり、のれん金額も巨大化する傾向にあります。したがって、のれんの償却方法の違いは連結損益に大きな影響を与えます。

　たとえば、前項と同様に 100 ののれんが発生したとします。この会社が日本基準を採用し、５年で償却するとすれば、のれん償却費 20 を販売費及び一般管理費に５年間計上し続けなければなりません（**図表 7-44**(2)）。一方、IFRS やアメリカ会計基準ではのれん償却費は発生しませんから、日本基準を採用すれば、その分だけ、利益が減少することになります。

　定期償却をすれば、その分利益は減りますから、償却をしない IFRS に

図表 7-44　のれんの償却

(1) IFRS、アメリカ基準…のれんの価値は減少しない…規則償却を行わない

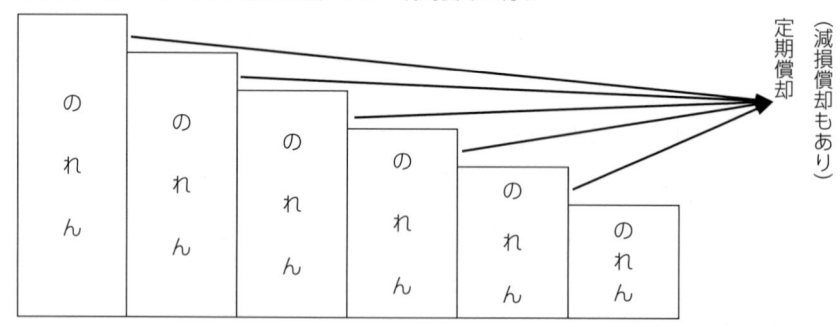

（注）減損に該当すれば、一括償却を行う

(2) 日本基準…のれんの価値は減少する…規則償却を行う

のれん 100 を５年で償却するとすれば
（借方）のれん償却費　20　　　（貸方）のれん　20

比べ、日本の会計基準は企業に厳しいといわれていますが、どちらが厳しいかは一概には決められません。

　定期償却の場合は、少なくとも買収当初はのれんに見合う収益力はあるはずですから、利益が減るとしても、のれんの償却負担に耐えられるでしょう。そうして償却が進み、償却期間が終われば貸借対照表からのれんの金額はなくなってしまいますから、以後は減損の恐怖から解消されます。しかし、定期償却がなく減損だけだとすると、当面の費用負担はなくなりますが、収益力が落ちたときの減損の恐怖に、いつまでもおびえなければなりません。どちらの会計基準が厳しいかは考え方次第でしょう。

8. 連結財務諸表の様式

ここで連結財務諸表の様式について概観しておきます。

（1）　連結貸借対照表

　図表 7-45 は連結貸借対照表のひな型です。基本的には個別の貸借対照表構成と同じです。以下では連結特有の項目について説明します。

図表 7-45　連結貸借対照表の連結特有な特徴

連結貸借対照表			
	連結特有の留意点		連結特有の留意点
＜資産の部＞	子会社資産 100％加算	＜負債の部＞	子会社負債 100％加算
1. 流動資産		1. 流動負債	
2. 固定資産		2. 固定負債	
（1）有形固定資産		＜純資産の部＞	
（2）無形固定資産		1. 株主資本	
のれん	将来の利益減少要因	資本金	
（3）投資その他の資産		資本剰余金	
投資有価証券	子会社株式は含まない 関連会社株式は含む	利益剰余金 自己株式	
		2. その他の包括利益累計額	
		その他有価証券評価差額金	
		繰延ヘッジ損益	
		土地再評価差額金	
		為替換算調整勘定	海外子会社との調整
		退職給付に関する調整累計額	
		3. 新株予約権	
		4. 非支配株主持分	子会社の親会社以外の持分

◆ 資産・負債の総額

　親会社の資産、負債はいうまでもなく連結貸借対照表の資産・負債を構成します。そして、子会社の資産・負債も連結貸借対照表に含まれます。親会社の出資比率にかかわらず、子会社に該当すると、子会社の資産・負債は 100% 連結貸借対照表に合算されます。親会社の出資比率の差は、後述する純資産の非支配株主持分で調整します。

　一方、関連会社は資産・負債は合算せず、後で説明する投資有価証券勘定で表現されます。

◆ のれん

　のれんには正ののれんと負ののれんがあります。圧倒的に多いのは正ののれんです。正ののれんは買収対象会社の自己資本より高い価格で、その会社の株式を取得し子会社にしたときに発生します。株式の買収価額と子会社の自己資本額との差額がのれんとして、固定資産の中の無形固定資産に計上されます。

　日本の現在の会計基準ではのれんは 20 年以内の所定の期間で定期償却しなければなりません（米国会計基準または IFRS（国際会計基準）では定期償却はなく、価値が減少したと認められる場合の減損償却のみとなります）。つまり、日本基準の会社では、無形固定資産にのれんがあれば、必ずこれからの連結損益計算書に費用が発生します。したがって、資産にあるのれんは将来の連結損益計算書の利益を圧迫することになります。特に大きな金額でのれんがあるときは、その償却期間と償却金額を把握しておくと、その後の連結財務諸表の損益を予想するときに便利です。

　逆に、株式の買収価額が買収対象子会社の自己資本額を下回ると負ののれんが発生します。負ののれんは、以前は貸借対照表の固定負債に計上され、定期償却を行っていました。ところが、2010 年から会計基準が改正になり、負ののれんが発生したときは、発生した年度に一括して連結損益計算書の特別利益に計上されることになりました。したがって、固定負債にのれんがある

のは 2010 年の会計基準改正前のものになります。この部分は正ののれんと同様に規則償却が行われます。正ののれんの償却が費用になるのに対し、負ののれんの償却は利益として連結損益計算書の営業外収益に載ります。のれんが固定負債にあれば、将来の連結損益計算書の増益要因になります。

◆ 関係会社株式（子会社株式、関連会社株式）

親会社個別貸借対照表には、子会社株式も関連会社株式も両方とも掲載されています。一方、連結貸借対照表には関連会社株式はありますが、子会社株式はありません。なぜなら、親会社個別貸借対照表にある子会社株式は、連結貸借対照表上では子会社の資産・負債を取り込んで相殺されてなくなっているからです。子会社の状況は子会社株式という形ではなく、子会社の資産・負債という直接的な形で表現されます。

一方、関連会社株式は連結貸借対照表の固定資産の投資有価証券に含まれています。ただ、個別と連結ではその数字は異なっています。というのは、個別は原則として取得原価のまま載っているのですが、連結では関連会社の損益状況を反映させる形で金額が増減しているからです。

◆ その他の包括利益累計額

個別貸借対照表における「評価・換算差額等」は、連結では「その他の包括利益累計額」になります。

◆ 為替換算調整勘定

海外子会社を連結すると、勘定科目間の換算レートの違いにより為替換算調整勘定が発生します。為替換算調整勘定はその他の包括利益累計額の一項目となります。

◆ 非支配株主持分

子会社株式の大半は親会社が所有していますが、親会社以外の所有分を

非支配株主持分といいます。前述したように子会社の資産・負債は100%連結貸借対照表に加算されていますので、子会社の親会社以外の持分を控除しないと、親会社の実質的な持分を正確に表現できません。そこで、この非支配株主持分で親会社以外の持分を表示します。

　非支配株主持分は貸借対照表の負債ではありませんので、純資産として表示されます。しかし、自己資本としてはカウントされないことに注意してください。

（2）　連結損益計算書

　図表 7-46 は連結損益計算書のひな型です。基本的には個別の損益計算

図表 7-46　連結損益計算書

連結損益計算書	連結特有の留意点
売上高	子会社売上 100% 加算
売上原価	子会社原価 100% 加算
売上総利益	子会社利益 100% 加算
販売費及び一般管理費	のれん償却額（定期償却）
営業利益	
営業外収益	持分法による投資利益…関連会社利益 負ののれん償却額（定期償却）
営業外費用	持分法による投資損失…関連会社損失
経常利益	
特別利益	負ののれん発生益
特別損失	のれん償却額（減損） 持分法による投資損失（減損）
税金等調整前当期純利益	
法人税、住民税及び事業税	
法人税等調整額	
当期純利益	親子会社トータルの当期純利益
非支配株主に帰属する当期純利益	子会社株主のうちの非支配株主に帰属するもの
親会社株主に帰属する当期純利益	親会社株主に帰属するもの

書の構成と同じです。ただ、連結損益計算書には以下のような連結特有の特徴があります。

◆ 売上高、売上原価、売上総利益

　親会社の持分が 100% でなくても、子会社に該当すれば、売上高及び売上原価は子会社分すべてが連結の売上高、売上原価になります。したがって、売上総利益は子会社分の 100% が連結損益計算書に取り込まれることになります。子会社の株主に親会社以外の持分（非支配株主）がある場合は、後述する当期純利益の下で利益が調整されます。

　また、親子会社あるいは子会社間取引があれば、その分は相殺消去されます。

◆ 販売費及び一般管理費

　連結貸借対照表にのれんが計上され、かつ定期償却する場合は、販売費及び一般管理費に「のれん償却額」が計上されます。

◆ 営業外損益

　持分法が適用される関連会社がトータルで最終利益があれば、最終利益の親会社持分相当額が「持分法による投資利益」として営業外収益に計上されます。反対に関連会社がトータルで最終損失になると「持分法による投資損失」が営業外費用に計上されます。

　また、会計基準改正前の負ののれんの償却があれば、営業外収益に計上されます。

◆ 特別損益

　負ののれんが発生する場合、2010 年の会計基準改正により、負ののれんの定期償却はなくなり、買収時に一括して「負ののれん発生益」が特別利益に計上されます。

　子会社や関連会社の収益が大きく悪化して、子会社や関連会社の実質価値が毀損したときには、のれんや投資有価証券勘定を減額しなければなりません。そのときの減損損失は特別損失で計上します。

◆ 当期純利益、非支配株主に帰属する当期純利益、親会社株主に帰属する当期純利益

　連結損益計算書で表示される当期純利益は親会社と子会社トータルのものです。子会社がすべて親会社の出資比率100%であれば、この当期純利益がそのまま親会社株主に帰属する当期純利益になります。しかし、親会社の出資比率が100%未満の子会社があるときは、この当期純利益を親会社に帰属する分と、親会社以外の非支配株主に帰属する分とに分離して表示することになります。それが「非支配株主に帰属する当期純利益」と「親会社に帰属する当期純利益」になります。

◆ 連結包括利益計算書

　個別財務諸表では当期純利益が最終利益となりますが、国際会計基準との整合性を図るために、連結財務諸表において新たな利益概念として「包括利益」が導入されました（2012年3月期以降本格適用）。そのため、連結では個別にはない連結包括利益計算書（**図表7-47**）を作成します。

　包括利益とは当期純利益に損益計算書の外で時価評価される資産・負債の評価損益を加減したものです。資産・負債の評価損益の代表的なものは、図表7-47にあるとおり、「その他有価証券評価差額金」、「為替換算調整勘定」、「退職給付にかかる調整勘定」になります。事業活動の最終結果は当期純利益、当期純利益に時価評価される資産・負債の評価損益を加えた利益を包括利益として表示します。

　包括利益も親会社株主に帰属する分と非支配株主に帰属する分に分割して、内訳表示します。

図表 7-47　連結包括利益計算書

連結包括利益計算書	連結特有の留意点
当期純利益	連結損益計算書の当期純利益
その他の包括利益	連結損益計算書の外の評価損益
その他有価証券評価差額金	
為替換算調整勘定	
退職給付にかかる調整額	
その他の包括利益合計	
包括利益	事業活動の結果に評価損益を加えたもの
(内訳)	
親会社株主に帰属する包括利益	親会社株主に帰属するもの
非支配株主に帰属する包括利益	子会社株主のうちの非支配株主に帰属するもの

9.　持株比率と連結財務諸表

　M&A で株式を買収すると、株式取得割合に応じて、相手の会社は子会社になったり、関連会社になったりします。親会社から見て子会社と関連会社はともに関係会社として位置づけられます。関係会社は、親会社の持株比率に応じて財務諸表の表示の仕方が違います。M&A の場合は、その違いも考慮した上で持株比率を決めなければなりません。**図表 7-48** は親会社の持株比率に応じた関係会社の区分と個別と連結の表示の一覧です。

図表 7-48　持株比率と財務諸表表示

持株比率	会社区分	個別財務諸表表示	連結財務諸表表示
100% 50%	子会社 子会社の可能性高い	関係会社株式 （子会社株式） ＜原価評価＞	資産・負債合算 ＜全部連結＞
40% 20%	関連会社 関連会社の可能性高い	関係会社株式 （関連会社株式） ＜原価評価＞	投資有価証券 ＜持分法＞
15% 0%	一般会社	投資有価証券 ＜時価評価＞	投資有価証券 ＜時価評価＞

（1）　子会社、関連会社、一般会社

　まずは、子会社になるか、関連会社になるかの区分について説明します。

◆ 子会社になるのは 50% 超か 40% 以上

　親会社の持株比率が 50% 超の場合は、それだけで子会社になります。

187

持株比率が 40% 以上のときは、無条件に子会社になるわけではありませんが、社長を出しているとかその他の要件に該当すれば、子会社になります。したがって、40% 以上の株式を取得すれば子会社になる可能性が高いと考えていいでしょう。

◆ 関連会社になるのは 20% 以上か 15% 以上

　持株比率が 20% 以上で子会社にならなければ、関連会社になります。持株比率 15% 以上でも役員に人を出しているといった要件に該当する場合も関連会社として扱われます。したがって、持株比率 15% 以上の場合は、関連会社に該当する可能性が高いといえます。

◆ 15% 未満は一般会社

　一方、15% 未満の持株比率の場合は、子会社や関連会社ではない普通の一般会社として扱われます。

（2） 財務諸表表示

　次に、子会社、関連会社、一般会社の区分に応じ、財務諸表に以下のように表示されます。

◆ 個別財務諸表表示

　個別財務諸表の表示では、子会社と関連会社は区別なく関係会社株式として一括で表示されます。関係会社株式は原則として原価評価です。たとえ、グループ会社の子会社や関連会社が上場していて、その株式にマーケット・プライスがついていても、取得原価で評価されます（ただし、子会社・関連会社でもその価格が著しく下落した場合は、減損処理を行わなければなりません）。

　一般会社の場合は、投資有価証券として時価評価されます。マーケット・

プライスがあれば、そのプライスで評価されます。

◆ 連結財務諸表表示

　連結財務諸表では、子会社と関連会社では明確に表示が違います。子会社の場合は、親会社が所有している子会社株式勘定を載せる代わりに、子会社の資産と負債のすべてを連結貸借対照表に計上します。100% 子会社はそれで終わりですが、親会社持株比率 100% 未満の子会社は、非支配株主持分で持株比率を調整します。

　関連会社は資産・負債を載せるのではなく、関連会社株式を投資有価証券勘定の中に含めたまま、関連会社の業績のうち親会社持分に相当する分を持分法で増減させます。

　一般株式は投資有価証券として時価評価されます。

（3）　持株比率の分岐点

◆ 会計的分岐点は 50%、40%、20%、15%

　親会社の持株比率に応じて上記のように財務諸表上の扱いが異なります。株式買収の場合、先の図表 7-48 で分かるとおり、50%、40%、20%、15% が重要な分岐点になります。

◆ 法律的分岐点は 3 分の 1、過半数、3 分の 2

　株式買収の場合、会計的表示方法に加えて考慮に入れなければならないものに、その法律的効果があります。持株シェアが過半数を超えると、株主総会の普通決議を可決できますし、3 分の 2 を超えると特別決議を可決できます。また、3 分の 2 の逆の意味で 3 分の 1 を超えると特別決議を否決することができます。したがって、法律的には 3 分の 1、過半数、3 分の 2 が分岐点になります。

　こうした会計・法律的効果を考慮した上で、株式の取得比率を決定します。

第 8 章

決算分析

1. 債権者と株主

　決算分析で、まず念頭に置かなければいけないのは、分析の目的です。「この会社にカネを貸して大丈夫だろうか」あるいは「この会社に投資したら儲かるだろうか」といったように、目的は人によって、あるいは場合によって異なります。分析に入る前に、何を知りたくて、決算書を分析するのかを明確にしておくことが重要です。決算分析では目的により、決算書の着目ポイントが異なるからです。

（1）　会社の利害関係者

　図表 8-1 は第 1 章の「決算書を必要とする人」のところでも掲載したものです。この図表を使って、会社の利害関係者の復習をしておきます。

図表 8-1　貸借対照表に表現される利害関係者

利害関係者 （会社にカネを支払う）	貸借対照表 （借方）　　　　　（貸方）		利害関係者 （会社からカネを受け取る）
債務者 →決算書への関心低い	資産 （売掛金） （貸付金）	負債 （買掛金） （借入金）	債権者 →決算書に重大な関心
		純資産 （株主資本）	株主 →決算書に重大な関心

①借方の利害関係者

　貸借対照表の借方にある売掛金や貸付金などを通じて会社と利害関係を持つ人は、会社から見れば債務者であり、会社にカネを支払わなければならない人たちです。債務者は、支払う相手の会社の業況がよいかどうかと

いったことにはそれほど関心を持ちません。したがって、貸借対照表の借方の利害関係者の決算書への関心度は、低くなります。

②貸方の利害関係者

貸借対照表の貸方の利害関係者は、2つに分かれます。第1は買掛金や借入金などの負債を通じて利害関係を有する債権者です。債権者は元本や利息の返済などについて契約を結び、会社にカネを貸している人たちです。そのため、会社が契約どおりにカネを支払う力を有しているかどうかを、決算書を分析することにより常に注視していなければなりません。

次は、純資産に利害関係を有する株主です。株主は会社に出資した資金を、資金と引き換えに獲得した株式を第三者に譲渡することで回収します。株式は時価で売買され、売買される株式の価格（株価）は会社の業績に左右されます。また、会社から株主に直接支払われる配当も会社の業績次第で変わります。したがって株主も決算書を分析することにより、会社の業績を把握しておく必要があります。

③決算分析を必要とする利害関係者

上記の説明で分かるとおり、決算分析を必要とする利害関係者は、貸借対照表の貸方に利害関係を持つ債権者と株主ということになります。債権者も株主も、ともに会社に資金を提供していますが、その資金の提供の仕方が違うため、決算書の注目点が異なります。そこで、債権者と株主の違いをもう少し詳しく検討してみましょう。

（2）　債権者と株主の違い

図表8-2は債権者と株主の会社との関わり方の違いを整理したものです。

貸借対照表		名称	調達先	経営参加権	返済義務	返済の優先	リターン	分析の中核
資産	負債	融資	債権者	なし	あり	優先	確定	安全性
	株主資本 （純資産）	投資	株主	あり	なし	劣後	変動	収益性

◆ 債権者の期待

債権者は債務者と契約を結び、返済すべき元金と利息などの金額と返済期日を定めます。これは契約ですから、債務者は必ず決められたとおりの支払をしなければなりません。会社の業績が苦しいから約束どおり支払えない、というのは認められません。契約した金額を支払えないと、その会社は事業の継続が困難になります。つまり、債権者に債務を支払うというのは、会社が存続するための最低限の責務です。

逆に、会社が債権者から受けた融資を元手にどれだけ儲けても、契約で定められた元金と利息以上のおカネを債権者に支払う必要はありません。債権者が会社に対して期待することは、約束した元金と利息を期日にきちんと払ってくれることだけです。

◆ 株主の期待

一方、株主は会社に資金を提供し、株式を取得します。株式は会社そのものを証券化したものといえますから、会社の経営権の一部を取得したことになります。その代わり、資金を会社に投入して株式を取得した時点で、その資金は会社のものになります。以降は、会社は経営成績に応じた配当を株主に支払えばよく、提供された資金を株主に返済する義務はありません。株主は債権者のように、会社に対して資金の返還を請求できるわけではありません。株主の資金回収は第三者への株式の譲渡により行います。この点が債権者と株主の最大の違いといえます。

株式を譲渡するとき、業績が好調で株価が高くなっていたら、当初の出

資額の何倍ものおカネを得ることも不可能ではありません。また、株主が会社から受け取る配当も、会社の業績がよければ高くなります。つまり、株主の期待には、債権者のような上限はないのです。

　しかし、逆に会社の業績が振るわなければ配当はゼロになりますし、さらに業績が悪化し、倒産してしまえば元金も返ってこない可能性が高くなります。たとえそうなっても株主は文句をいえません。最初からそうなることを承知で資金を提供しているからです。この点が、契約で支払うべき利息と元本が定められている負債とは異なります。

◆ 債権者と株主の着目点の違い

　要約すれば、債権者の提供する負債はローリスク・ローリターンであり、株主の提供する株主資本はハイリスク・ハイリターンの性格を持つということになります。

　債権者は会社がつぶれない限り、貸したカネは返ってくるのですから、会社がつぶれないかどうかが最大の注目点になります。極端にいえば、会社が儲かるかどうかには余り興味はありません。したがって、決算分析の最大の眼目は、会社の存続可能性を判断する安全性の分析になります。一方、株主は会社の儲け方次第で自分のリターンが変わってきますから、会社がどれくらい儲かっているかという収益性が分析の中核になります。

2. 自己資本比率

債権者が決算書を見るとき、自己資本比率は最も重要な指標になります。

（1） 自己資本比率の重要性

◆ 債権者にとっての自己資本

　前述したように、債権者は大きなリターンを望んではいません。元本と利息の確実な回収さえできればよいのです。そのため、事前に会社と契約を交わして、返済方法や利息の支払を確定させます。株主からの出資者へのリターンである配当は、会社の業績により変動しますが、貸付金に対するリターンである利息は、会社がその貸付金を元手にどれだけ大きな利益を上げても、約束した以上の金額を支払う必要はありません。

　事業が順調なときは、利息や元本は契約どおり支払えますから問題はありません。問題となるのは、事業が行き詰まり、会社を清算しなければならなくなったときです。

　会社を清算するときは、債権者だけではなく、株主にも残余財産（会社の解散時に債務を弁済した後に残る財産）に対する分配請求権があります。しかし、債権者への返済は株主への残余財産の分配に先立って行われます。株主は会社のオーナーですから、いわば身内です。身内よりもまず、会社外部の利害関係者である債権者への支払を優先させなければなりません。債権者に債務を完全に返済して、それでもなお余りがあれば、株主への分配ということになります。これは逆にいえば、会社に株主に分配できる財産がある限り（債務超過でない限り）、必ず債権者への返済が行われるということを意味しています。

　つまり、株主の財産が少しでも残っていれば、債権者は債権を全額回収できるのですから、債権者にとっては、株主の財産＝自己資本がどれく

らいあるかが極めて重要になります。理論的には、自己資本が 1 円でも残っていれば債権者は債権を全額回収できることになります。しかし、あまりに自己資本が少ないと、少し赤字になっただけで債務超過になってしまいますので、債権者として安心して取引を行うためには、会社が余裕のある自己資本を持っていることが重要なのです。

図表 8-3　自己資本比率の算定

貸借対照表	
総資産 (A)	総負債
	純資産 (自己資本) (B)

$$自己資本比率 = \frac{自己資本\ (B)}{総資産\ (A)} \times 100$$

（注）　厳密にいうと、第 4 章で説明したとおり、純資産と自己資本は完全に同一ではありませんが、ほとんどの中小企業では両者に差異はありません。

◆ 自己資本比率の目安

　自己資本比率の数値基準は画一的には決められません。自己資本比率は業種によって大きく異なるからです。資産をたくさん持って商売を行う不動産業などは低く、それほど資産を持たなくてもよいソフトウエア開発業などは高くなる傾向があります。

　そうしたことを踏まえた上で、一般的には次のようにいうことができます。

① 50% 以上なら安心 (図表 8-4 (a))

　どんな業種でも、自己資本比率が 50% 以上あれば優良先とみなすことができます。自己資本比率 50% 以上ということは、総資産の半分以上が自己資本ですから、よほどのことがない限り、貸出金の回収は可能と判断できます。50% までいかなくても、30% 以上あれば一応合格と判断されるでしょう。

②債務超過は不合格…（図表 8-4（c））

　債務超過とは自己資本がマイナス、つまり資産より負債の方が多い状態です。債務超過になると事は重大です。債務超過では自己資本はマイナスですから、株主には何も返ってこないことは当然ですが、それだけでなく、資産を全部売り払っても債権者（銀行）へ全額返済することができなくなることを示しています。債務超過会社への融資は、銀行にとってはとても難しい融資になります。

③ 1 桁は危険…（図表 8-4（b））

　自己資本比率が 10% 未満というのは大きな損失が発生すれば、債務超過になりかねませんから、かなり危険な状態と考えられます。銀行融資に際しては、担保、保証人等の保全対策が重視されることになります。

図表 8-4　自己資本比率の目安

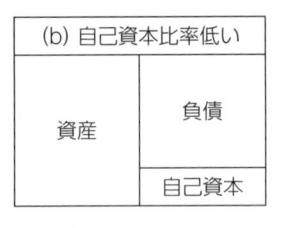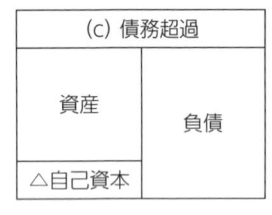

安全性高い ← → 安全性低い

（2）　赤字が自己資本を食いつぶす

◆ 赤字の累積の程度

　ほとんどの会社は資産超過、つまり自己資本はプラスが普通です。なぜなら、そもそも自己資本には、株主が会社設立時に出資した払込資本があり、その上に会社が事業活動を通じて獲得した留保利益が乗るからです。普通に事業活動を行っている会社であれば、自己資本はマイナスにはなり得ません。だからこそ、自己資本がマイナスの債務超過は異常事態なのです。

　自己資本のうち払込資本は原則的に減りません（減らすこともできますが、特別な手続きを必要とします）。したがって、自己資本の減少は留保利益の減少によってもたらされます。留保利益の減少は経営成績の赤字、すなわち損益計算書の最終損益が赤字になることで生じます。**図表 8-5** で留保利益がどのように自己資本を侵食していくのかを確認します。

　赤字が累積すると、まず過去の留保利益が減少していきます。累積した赤字額が、(A)のように過去の留保利益の範囲内であれば軽症です。赤字は会社自身が過去に蓄積した利益を取り崩せば解消できるからです。この段階では債権者はいうまでもなく、出資した株主にも損失を与えていません。

　ところが、さらに赤字が累積して (B) のように過去に蓄積した留保利益を超過してしまうと問題です。会社の自己資本は株主が出資した払込資本の金額を下回っています。つまり、株主が外部から投入した資金の一部を食いつぶし、株主に損失を与えていることになります。この状態を「資本の欠損」といいます。それでも、株主は文句はいえません。なぜなら、株主はリスクを取り、最悪の場合こうなることを覚悟して会社に出資しているからです。

図表 8-5　赤字額の累積程度

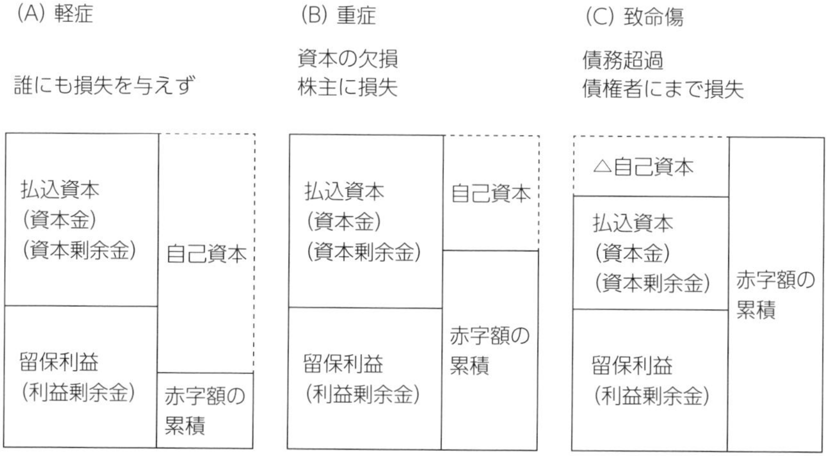

(A) 軽症

誰にも損失を与えず

(B) 重症

資本の欠損
株主に損失

(C) 致命傷

債務超過
債権者にまで損失

さらに赤字額が累積すると、（C）のようになり、会社自身が稼いだ留保利益はいうに及ばず、株主が会社外部から投入した払込資本まで食いつぶしてしまいます。これが、自己資本がマイナス、つまり資産より負債のほうが多い「債務超過」の状態です。

◆ 債務超過は「致命傷」

　債務超過は会社の信用力に対する決定的な赤信号です。債務超過では株主には何も戻ってこないことは当然ですが、その上、資産より負債が大きいのですから、資産を全部売り払っても債権者へ債務を全額返済することができない状態になります。こうなると、会社が事業を継続していても、債権者は債務超過の会社への信用供与を渋るようになり、貸付金の回収を急いだり、新たな融資を控えたりします。

　このように、債務超過になると周囲の目は大変厳しくなるのが普通ですので、事業の存続が難しくなります。いわば、債務超過は会社の「致命傷」になります。

3. 有利子負債分析

有利子負債が大きくなり過ぎると、その返済負担で会社が危うくなることがあるので、有利子負債の分析も重要です。

（1） 資金調達の分類

資金調達の分類について、**図表 8-6** にそって解説していきます。

図表 8-6　資金調達の分類

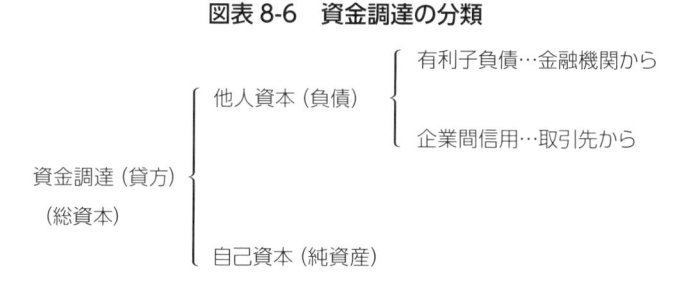

◆ 自己資本と他人資本

会社は資産を使用して収益を上げていくので、資産を所有しなければなりません。資産を所有するためには、必ず資金調達をしなければなりません。資金調達は貸借対照表の貸方に表示され、大きく 2 つに分けることができます。それが自己資本と他人資本です。

自己資本とは会社の所有者である株主からの調達であり、貸借対照表では純資産として表示され、他人資本とは会社外部の債権者からの調達で、貸借対照表では負債として表示されます。

◆ 有利子負債と企業間信用

　他人資本による資金調達は、仕入先など取引先からの調達である企業間信用と、銀行など金融機関からの調達である有利子負債の2つに分けることができます。

　企業間信用は、貸借対照表では支払手形や買掛金として表示されます。企業間信用は、本来であれば現金で支払うべき商品・製品や原材料の仕入代金の支払を、一定期間待ってもらっているものであり、資金調達の一種といえます。

　有利子負債と企業間信用の最大の違いは、資金調達に商品が介在するかどうかです。有利子負債には商品は介在しませんが、企業間信用には必ず商品が介在し、商品代金の支払を延ばすという形での資金調達となります。企業間信用も有利子負債も資金調達という面から見れば違いはありませんが、財務分析においては、企業間信用は有利子負債ほど危険視されません。それは以下のような理由によります。

　企業間信用は事業に伴って発生するものですから、本来は事業が拡大しない限り、むやみに増加させることはできません。また、商品が介在していますから、その商品が売れれば返済財源が確保できます。逆にいえば、正常な商品売買取引が継続される限り、支払手形や買掛金は当然に存続する、ということもできます（正常でない商品売買により発生する支払手形や買掛金はいうまでもなく問題です）。

　それに対し、有利子負債は事業規模に関係なく増加させることができます。例えば、赤字見合い資金のような後ろ向きの資金にも対応できます。また、返済財源は特定のひもつき融資のケースもありますが、多くの場合は会社全体の収益力からの返済になりますから、収益力がなくなれば返済することができなくなります。さらに、資金を借りている金融機関から返済を求められれば必ず返済しなければなりません。だからこそ、有利子負債の動向には注意を払わなければならないのです。

（2）　有利子負債の見方

続いて、**図表 8-7** にそって有利子負債の見方について解説します。

図表 8-7　有利子負債の見方

	（借方）　<資金の運用状況>	（貸方）　<資金の調達状況>
	総資産（A）	負債 （有利子負債）（B）
		純資産 （自己資本）（C）

$$有利子負債依存度 = \frac{有利子負債（B）}{総資産（A）} \times 100$$

$$負債資本倍率 = \frac{有利子負債（B）}{（自己資本）（C）}（倍）$$

$$有利子負債キャッシュフロー倍率 = \frac{有利子負債（B）}{営業活動によるキャッシュフロー}（倍）$$

◆ 過大な有利子負債が問題

　有利子負債が過大だと周囲から厳しい目で見られます。そのため、有利子負債ゼロを経営目標としている会社もありますが、有利子負債の存在そのものが悪なのではありません。企業はチャンスと見れば、借入により設備投資を行い、業容拡大を目指すことが求められます。設備投資を自己資金の範囲内だけで行おうとしていては、絶好の成長機会を逃してしまうかもしれません。必要なときには、借入金などの有利子負債により投資を行うべきです。適正な有利子負債の存在は会社にとって当然のことであり、悪いのは過大な有利子負債です。

　そこで、「適正」と「過大」の分岐点を見極めることが必要になります。

◆ 有利子負債依存度

　その判断基準にはいろいろなものがありますが、代表的な指標が有利子負債依存度です。有利子負債依存度は、有利子負債を総資産で割って求めます。有利子負債とは文字どおり利子を伴う負債で、短期借入金、長期借入金、社債などが該当します。

　貸借対照表の借方は資金の運用形態を、貸方は資金の調達方法を示しています。有利子負債依存度は、運用している資産のうち何％を有利子負債で調達しているかを表すものです。有利子負債依存度が高いほど、返済しなければならない資金が多いということですから、財務状況は不安定になります。

　有利子負債依存度の対極にあるのが、先に説明した自己資本比率（自己資本／総資産×100）です。自己資本は返済不要の資金ですから、自己資本比率が高いほど財務は安定しています。

　有利子負債依存度が何％以上であれば有利子負債が過大だといえるかは、業種特性によって幅があり、一概には決められません。不動産業などは資産が大きく、大部分の資金調達を借入に頼っていますから、有利子負債依存度は他の業界より大きくなります。ただ、一般的には50％以上あれば過大だといってよいでしょう。

◆ 負債資本倍率

　有利子負債依存度と類似した指標で、特に上場企業において注目されている指標に負債資本倍率（デット・エクイティ・レシオ）があります。負債資本倍率は、有利子負債（有利子負債から現金預金を控除した実質有利子負債を使う場合もあります）を自己資本で割って求めます。

　つまり、返済しなければならない有利子負債に対し、返済不要の自己資本がどれくらいあるかで、財務の安定性を見るものです。負債資本倍率が1倍を割っている、すなわち有利子負債より自己資本のほうが大きければ、財務の安定性は高いと判断されます。

◆ 有利子負債キャッシュフロー倍率

　有利子負債依存度や負債資本倍率は、貸借対照表の資産や自己資本と比べて有利子負債の大小を判断するものです。最終的な有利子負債の返済が所有資産の売却によりなされるとする考え方に立てば、これらの指標は有効です。ただ、有利子負債の返済は、通常は資産の売却ではなく、事業から生じる将来のキャッシュフローにより行われます。だとすれば、キャッシュフロー獲得能力から見て、有利子負債が過大かどうか判断するのも合理的な考え方といえます。

　有利子負債の返済財源として最も適当なキャッシュフローが、フリーキャッシュフローです。フリーキャッシュフローとは、現在の事業活動を維持した上で経営者が自由に使えるキャッシュフローのことをいいます。フリーキャッシュフローは、営業活動によるキャッシュフローから、現在の事業維持のために必要とされるキャッシュフローを控除したものです。

　営業活動によるキャッシュフローはキャッシュフロー計算書を見れば分かります。しかし、現在の事業維持のために必要とされるキャッシュフローは分かりません。投資活動によるキャッシュフローには現在の事業維持のためのものと将来の成長のための投資が混在しているため、外部からはフリーキャッシュフローは測定できません。

　そこで有利子負債の返済財源を見る際には、便宜的に、営業活動によるキャッシュフローを用います。

　有利子負債返済能力をキャッシュフロー獲得能力から判断するのが、有利子負債キャッシュフロー倍率です。有利子負債キャッシュフロー倍率は、有利子負債を営業活動によるキャッシュフローで割って求めます。この算式から分かるとおり、有利子負債キャッシュフロー倍率は「営業活動によるキャッシュフローの何年分で現在の有利子負債を返済できるか」を示しています。

　有利子負債キャッシュフロー倍率の適正倍率は、業種や借入金の種類により違いがあり、一概に断言することはできませんが、10倍を超える状

況は明らかに過大です。というのは、営業活動によるキャッシュフローのすべてを返済財源とみなすこと自体が実態に比べて過大であるのに加えて、さらに有利子負債を返済するのに 10 年以上かかるというのでは長過ぎるからです。

4．流動性分析

　会社は約束した債務を支払えなくなったときに倒産します。そのため、当面の債務に対しての支払財源がどれくらいあるかが重要になります。それが流動性分析です。

（1）　流動比率

◆ 支払能力を測る

　債務はキャッシュで支払うのが通常です。キャッシュの支払能力を流動性といいます。流動性が高ければ当面の債務の支払に余裕があり、低ければ余裕がありません。流動性を適正に保つことが必要で、その適正性を判断する代表的な指標が流動比率です。

　流動比率とは短期的な支払能力を判断する指標で、**図表 8-8** の算式で計算します。流動比率が高いということは、短期に支払わなければなら

図表 8-8　流動比率と当座比率

貸借対照表	性格	貸借対照表	性格
流動資産 (A)	比較的早期にキャッシュ化されることが期待できる資産	流動負債 (C) ・支払手形 ・買掛金 ・未払金 　など	短期的に支払わなければならない債務
(1) 当座資産 (B) 　・現金預金 　・受取手形 　・売掛金 　・有価証券	早期かつ確実にキャッシュ化されることが期待できる資産		
(2) その他 　・たな卸資産 　・未収入金 　　など			

$$\text{流動比率} = \frac{\text{流動資産 (A)}}{\text{流動負債 (C)}} \times 100$$

$$\text{当座比率} = \frac{\text{当座資産 (B)}}{\text{流動負債 (C)}} \times 100$$

ない流動負債に比べて、短期に現金化する流動資産が多いということであり、当面の支払能力が高いことを意味します。

ただ、流動資産が現金化する期日と流動負債の支払期日は厳密に一致しているわけではないため、一般的に流動比率は余裕を持って 200% 以上あることが望ましいとされます。

◆ 流動性と収益性は相反する

資金の流動性という点だけから見れば、流動資産が厚い会社ほど優良会社といえます。では、現金は資産の中で最も流動性の高い資産ですから、現金を大量に持っていればよい会社かというと、そうとはいえません。なぜなら、現金はそのままでは利益を生まないからです。会社は現金を収益性の高い資産に変えながら、利益を極大化していかなければなりません。すなわち収益性が重要です。しかし、流動性と収益性は相反します（**図表 8-9**）。

たとえば、受取手形はキャッシュに近い、極めて流動性の高い資産です。ところが、受取手形は額面以上の収益は生まないので、収益性は非常に低い資産です。

一方、製品や商品の在庫（たな卸資産）は、キャッシュになるまでに販売活動を経なければなりませんから、受取手形や売掛金に比べると流動性は落ちます。しかし、販売活動をうまくやれば原価より高く売れ、多くの利益を稼げる可能性があります。原材料在庫ともなれば、販売活動の前に製造活動も必要なので流動性はもっと落ちますが、それだけに製造活動を効率的に行えば、より収益性を高められる可能性もあります。

資金を建物や機械などの固定資産として運用すれば、長期的にはその固

定資産価額以上の収益を上げることもできます。収益性は高くなりますが、その収益が支払に使える現金になるまでには長期間を要しますから、流動性が落ちてしまいます。

　貸借対照表は基本的に上から流動性の高い順に並んでいます。一方、収益性という観点から見ると、順番は逆になります。このように、流動性と収益性は相反します。会社にとって最適な資産配分は、債務の支払に支障を来さない程度の流動性を維持しながら、それ以外の資金はできるだけ収益性を高めるような資産として運用することです。

図表 8-9　収益性と流動性

低い	高い	＜資産＞
		1．流動資産
		（1）当座資産
		現金預金
		受取手形
		売掛金
		有価証券
		（2）たな卸資産
		商品・製品
		原材料
		（3）その他
収益性 ←相反→ 流動性		繰延税金資産
		2．固定資産
		（1）有形固定資産
		建物
		機械
		土地
		（2）無形固定資産
		特許権
		（3）投資等
		投資有価証券
高い	低い	長期貸付金

（2） 当座比率

　流動性を見るために流動比率が有効であると説明しました。確かに流動比率が流動性の重要指標であることに間違いはないのですが、流動比率のみで流動性を判断するのは危険です。というのは、業種や会社によっては、流動比率よりもさらに短期の支払能力が重要になることがあるからです。それを検証する指標が当座比率です。

◆ 流動比率の欠点

　流動比率の分子は貸借対照表の流動資産すべてですが、流動資産には種々の資産が含まれています。短期的な支払能力というからには、いずれ現金になることが期待されるものでなければなりません。ところが、流動資産には将来的にまったく現金になることが予定されない資産も含まれています。例えば前払費用や繰延税金資産などです。これらは適正な損益計算のために一時的に流動資産に計上されているに過ぎず、支払のために活用できる資産ではありません。

　あるいは、将来的には現金になることが期待されても、その期待が不確実な流動資産があります。その代表がたな卸資産（在庫）です。たな卸資産に含まれる原材料は工場に投入され、製品として加工され、完成した製品が販売されて売上債権となってから現金になります。同様に製品や商品もこれから販売活動を行わなければ現金になりません。販売活動を行っても売れない可能性もあります。そこで登場するのが当座比率です。

◆ たな卸資産を除く

　当座比率は、流動比率の分子を流動資産から当座資産に換えたものです。当座比率は先に挙げた図表 8-8 にあるように、当座資産を流動負債で割って求めます。

　当座資産とは、現金預金、受取手形、売掛金、有価証券（流動資産に計

上されているもの）を指します。ここに挙げた当座資産は、流動資産の中でも現金になる確率がより高いものです。流動資産と当座資産の最大の違いは、たな卸資産が含まれるかどうかにあります。たな卸資産は上で説明したとおり、キャッシュになるのに時間がかかるのに加えて、不確実性も高いので、当座資産からは除かれます。

　有価証券とは株式や債券で、基本的に売ろうと思えばすぐに売却でき、現金にすることができます。受取手形と売掛金は、得意先が商品を購入し代金を支払うことを約束しており、支払金額も支払期日も確定しています。これらは得意先が倒産しない限り、期日に必ず現金になります。もちろん得意先が倒産することもあるので、100% 大丈夫だとはいえませんが、現金にならない危険性は、たな卸資産に比べるとかなり低いといえます。

　このように当座資産は現金により近い資産ですから、この当座比率が100% を上回っていれば、支払能力は安心だと判断できます。

（3） 安全性分析と流動性分析

　債権者にとっては会社の倒産が最も恐れる事態です。会社が倒産に至る可能性を判断する最も重要な指標が自己資本比率と流動比率です。債務履行の可能性を貸借対照表全体のバランスから見るマクロの見方が自己資本比率であり、全体ではなく個別の資産・負債の内容を検証するミクロの見方が流動比率です。自己資本比率と流動比率は**図表 8-10** のように整理できます。

図表 8-10　安全性分析と流動性分析

	指標	見方	貸借対照表	時間軸
安全性分析	自己資本比率	マクロ	全体	長期
流動性分析	流動比率	ミクロ	流動部分	短期

◆ マクロ的な自己資本比率

　株主からの資金調達である自己資本は返済不要であるのに対して、債権者からの資金調達である負債（他人資本）は返済しなければなりません。

　負債の返済財源は一義的には事業から得られる収益ですが、収益で返済できなくなると最終的には資産の売却に頼ることになります。最終的返済財源である資産に対して自己資本の割合が大きければ、負債の返済に余裕があるということになります。そのため、資産に対する自己資本の割合が会社の安全性を判断する重要な判断材料になります。それが自己資本比率です。

　自己資本比率は「最終的に資産を売却して返済する」という考え方ですから、時間軸は長く、倒産した後の会社清算まで考えたときの債務返済の可能性を示しています。こうした見方を安全性分析といいます。

◆ ミクロ的な流動比率

　自己資本比率は債務返済の可能性を資産・負債・自己資本のバランスで判断しようとするものです。ただ、自己資本比率が徐々に低下し、最終的には債務超過になっても、それが即倒産となるわけではありません。繰り返しになりますが、支払を約束した債務が支払えないときに倒産となります。債務の支払はキャッシュで行いますから、短期的にはキャッシュが重要です。その短期的なキャッシュの支払能力を見る指標が流動比率です。

　流動比率の時間軸は自己資本比率に比べれば短く、短期的な債務支払の可能性を表しているといえます。こうした見方を流動性分析といいます。

5．固定資産分析

固定資産への資金投下は巨額になりがちで、資金回収にも長期間かかるのが普通です。自らの財務能力に見合わない過大な固定資産投資を行ったことにより、財政が逼迫して破綻するケースも珍しくはありませんので、固定資産投資に関する分析も重要です。

（1）　固定比率

ここでは貸借対照表の固定資産勘定にスポットを当てて分析を行います。ただ、固定資産への投資資金を銀行借入金等の有利子負債で調達する場合は、有利子負債分析も併せて検討する必要があります。

◆ 長期的な支払能力

流動比率や当座比率が短期的な支払能力を見るのに対し、長期的な支払能力を見るのが固定比率と固定長期適合率です。

流動比率の見方は「短期的な債務を支払うのにキャッシュ化できる資産は十分にあるか」ということであるのに対し、固定比率や固定長期適合率は「キャッシュ化するのに時間がかかる固定資産に投下した資金を、支払までに余裕のある方法で調達したか」という視点で貸借対照表を見ることになります。

◆ 固定比率の算定

固定比率は固定資産に関する資金調達の安定度を測る指標です。固定比率は、**図表 8-11** のように固定資産を自己資本で割って求めます。つまり、固定比率は固定資産と自己資本の金額を比較したものになります。

固定資産への投資と商品などの在庫への投資と比較すると、在庫は短期

213

間で売却して資金を回収できるので、その資金を返済期限が早く到来する買掛金や短期借入金などで調達することに何ら問題はありません。

　しかし、土地、建物、機械を購入したり、工場を建設したりするために資金投下をする場合は、返済資金は土地、建物、機械を売却して作るわけではありません。工場で製品を製造し、それを販売して、原材料費や人件費などの経費を控除した残額の利益で投下資金を徐々に回収していきますから、資金回収までに長い時間がかかります。もし、固定資産に投下する資金を返済期間1年の短期借入金で賄っていたとしたら、借入金の返済財源を固定資産からの回収では確保できないことになります。

　固定資産に投下する資金の調達は、投下資金の回収期間に合わせ、できるだけ返済期間の長い資金で調達しておかなければなりません。最も返済期間の長い資金は返済不要の自己資本ですから、自己資本の範囲内で固定資産への投下資金を調達できていれば安心です。

◆ 固定比率の評価

　固定比率が小さいほど固定資産に比べて自己資本が大きいということになり、資金の安全性は高くなります。固定比率が100%を切っていれば、固定資産のすべてを自己資本で賄えていることになりますから、問題ないと判断できます。

図表 8-11　固定比率、固定長期適合率の算定

貸借対照表			
＜資産の部＞ 1．流動資産 2．固定資産（A） ・有形固定資産 ・無形固定資産 ・投資その他の資産	資金回収が容易 資金回収に長期間 かかる	＜負債の部＞ 1．流動負債 2．固定負債（B） ・長期借入金 ・社債	返済期間が短期 返済期間が長期
		＜純資産の部＞ 自己資本（C）	返済不要

$$固定比率 = \frac{固定資産（A）}{自己資本（C）} \times 100$$

$$固定長期適合率 = \frac{固定資産（A）}{自己資本（C）\times 固定負債（B）} \times 100$$

（2）　固定長期適合率

◆ 固定比率の欠点

　固定比率では、固定資産と自己資本を比較して、固定資産の金額が自己資本の範囲内に収まっていればよいと述べました。ただ、固定比率を必要以上に重視して、自己資本の範囲内だけで固定資産投資を行うのは、借入金返済という点から見れば健全ですが、企業の成長という面から見れば保守的に過ぎます。この考え方に固執し過ぎると、自己資本の範囲内でしか投資できないことになり、資本蓄積が十分ではない成長企業はせっかくの投資機会を逃すことにもなりかねません。そこで、資金調達の範囲をもう少し広げて考えたのが、固定長期適合率です。

◆ 固定負債を加える

　固定長期適合率は**図表 8-11** にある算式で求めます。固定比率と比べると、分子は固定資産で変わりませんが、分母は固定比率の分母に固定負債を加

えたものになります。つまり、返済不要の自己資本と返済期限が長期の固定負債で、固定資産をどれだけカバーできているかを見る指標になります。

◆ 固定長期適合率の評価

固定長期適合率が 100% を切っていれば、自己資本と固定負債で固定資産投資をカバーできているということになりますから、資金的には安全といえます。

逆に、固定長期適合率が 100% を超えると、固定資産のための資金調達が自己資本と固定負債では足りずに、流動負債にまで食い込んでいます。これは固定資産に対する投下資金を、返済期限が短い短期借入金でも調達していることになります。

◆ 不安定な資金繰り

借入金の返済期日が到来すると、銀行には借入金の返済を要求できる権利が発生します。固定長期適合率が 100% を超え、固定資産投資を短期借入金で賄っている状態とは、短期借入金の返済期日が来ても、銀行が融資を継続してくれるという前提に立った資金調達方法といえます。金利や担保の問題から、長期借入金ではなく短期借入金で資金を調達しているのかもしれませんが、危険な資金調達方法といわざるを得ません。

会社の収益状況が悪化すると、銀行は短期資金の期日どおりの返済を要求してくるかもしれません。あるいは、自分の会社の先行きに自信があるとしても、経済情勢が変わってしまう可能性もあります。好況のときはよいのですが、不況になると銀行の経営方針次第で短期資金の融資継続が難しくなることもあります。

固定長期適合率が 100% を超えているということは、前に説明した流動比率は、多くの場合で 100% を割っていることになります。こうしたケースは財務的にも資金的にも不安定な状況ですから、短期借入金を長期借入金にするなどして、資金の安定化策を講じることが望まれます。

6．回転期間分析

　借入金、預金、貸付金などは本業とは関係ない財務関連項目ですが、売掛金、在庫（たな卸資産）、買掛金などは本業を行うことにより発生する事業関連項目になります。こうした事業関連項目は回転期間分析により、その適正性を判断します。

（1）　事業性資産と事業性負債

　事業性資産と事業性負債について、**図表 8-12** にそって解説します。

図表 8-12　債権者と債務者

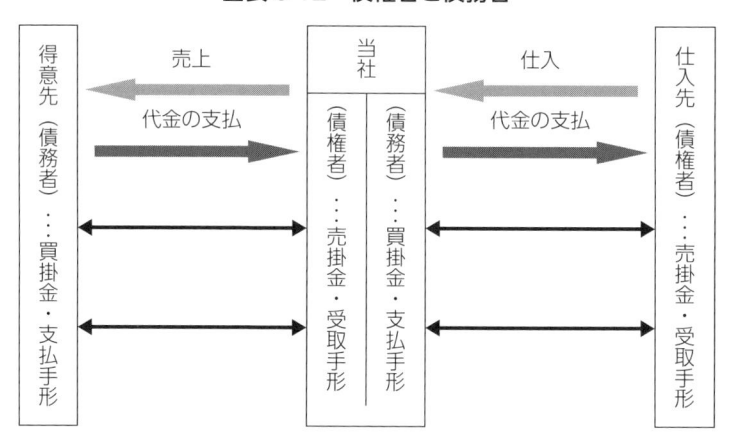

◆ **債務者と債権者**

　会社は商品を仕入れ、それを販売することで収益を上げています。商品を仕入れたときには代金を支払い、売り上げたときは代金を受け取ります。代金を支払う義務のある人を債務者、代金を受け取る権利のある人を債権者といいます。

会社が商品を仕入れたときは、会社は債務者として買掛金や支払手形という仕入債務を負い、仕入先は債権者として、売掛金や受取手形という売上債権を保有します。逆に会社が商品を売り上げたときは、会社は債権者として売掛金や受取手形という売上債権を保有し、得意先は債務者として、買掛金や支払手形という仕入債務を負います。

　このように、会社は債務者としての仕入債務と債権者としての売上債権の両方を持っています。

◆ 事業性負債、事業性資産

　仕入債務と売上債権は事業を行うことによって発生する資産・負債であり、これらを事業性負債、または事業性資産と呼びます。事業性資産としてもう1つ忘れてはならないのは商品・製品・原材料などの在庫（たな卸資産）で、これも事業性資産に含まれます。

　仕入債務、売上債権、在庫の動向は会社の資金繰りに重大な影響を与えますので、その観点から事業性負債・資産を見ることが必要です。

◆ 必要運転資金

　受取手形や売掛金などの売上債権は、本来であれば現金で受け取るべきところを、相手先に支払を猶予しているものですから、一種の資金運用です。在庫も、売れば現金になるところを売らずに保有しているのですから資金運用です。つまり、売上債権や在庫が増えるほど資金運用額が増え、より多くの資金が必要となります。

　逆に支払手形や買掛金などの仕入債務は、本来現金で支払わなければならないところを待ってもらっているのですから、資金を調達していることになります。売上債権と在庫の合計額から仕入債務を控除したものを運転資金といいます。

　運転資金＝売上債権＋在庫（たな卸資産）－仕入債務

（2）　回転期間

◆ 回転期間の必要性

　仕入債務、売上債権、在庫などの事業性負債・資産は、事業に伴い発生するものですから、その状況は事業と関連して判断しなければなりません。事業を見るのに最も適した数値は売上ですから、事業性負債・資産を売上（または月商）で割った回転期間分析が有用です。

　回転期間とは、売上債権や仕入債務、在庫などが回収されるまでにかかる期間です。回転期間は通常、取引条件が変わらなければ大きくは変わりません。回転期間が変化したときは、会社の経営状況が変化している可能性があるので注意が必要です（**図表 8-13**）。

図表 8-13　回転期間の算定

$$売上債権回転期間 = \frac{受取手形＋売掛金}{平均月商}（か月）$$

$$仕入債務回転期間 = \frac{支払手形＋買掛金}{平均月商}（か月）$$

$$在庫回転期間 = \frac{たな卸資産}{平均月商}（か月）$$

（たな卸資産回転期間）

◆ 売上債権回転期間、仕入債務回転期間

　売上債権回転期間は、売上債権を平均月商（売上高÷ 12 か月）で割ったもので、売上債権が回収されるまでの期間を示しています。売上債権回転期間は短いほどよく、長期化しているときは何らかの問題が発生している可能性があります。例えば、不良債権の増加です。受取手形や売掛金の期日に現金が入金されなければならないのに、得意先の業況が思わしくなく、期日を延長しているケースです。本来であれば回収不能の売上債権は

219

損失処理を行い、貸借対照表の資産から除去しなければなりません。それをしていないということは、売上債権に資産価値のない資産が含まれていることになります。この場合は、売上は伸びずに売上債権だけが増加し、その結果、売上債権回転期間が長期化することになります。

仕入債務回転期間は、仕入債務を平均月商で割ったもので、仕入債務を支払うまでの期間を示しています。仕入債務回転期間が短い場合は、それだけ早期に支払わなければならない仕入債務が多いということになります。

◆ 在庫回転期間

在庫が現金または売掛金などの形で回収されるまでの期間を表すのが、在庫回転期間です。在庫回転期間は短いほどよく、長期化している場合は注意が必要です。それは不良在庫発生の兆候を示していることがあるからです。もう使えない原材料や流行遅れの製品や商品がある場合、本来は損失処理をして資産から除去しなければなりませんが、その損失処理を行っていない場合があります。さらに問題なのは架空在庫です。製品や商品を架空に計上することにより、売上原価を圧縮し、架空の利益を計上するケースです。

このように回転期間の長期化は、重要な経営上の異変を示していることがあるので、常に注意が必要です。

◆ 収支ズレ

売上債権回転期間と在庫回転期間の合計から、仕入債務回転期間を控除したものを収支ズレといいます。収支ズレに月商を掛けたものが必要運転資金になります。収支ズレがプラスの会社は、売上が増えれば増えるほど資金が必要になります。売上債権や在庫の内容に問題がなければ、売上の増加により必要となる運転資金の増加は、業容拡大のための前向きな資金の代表といえます。

図表 8-14　収支ズレと運転資金

収支ズレ＝売上債権回転期間＋在庫回転期間－仕入債務回転期間

運転資金＝収支ズレ×平均月商

7. 収益性分析

　先に、債権者の決算書の見方を取り上げましたが、ここは株主、すなわち投資家は決算書をどのように見るかについて説明します。

　投資家はある程度のリスクを取って、大きく儲けることを望んでいます。投資家が最も重視するのは、投資する会社が儲かっているかどうか、つまり収益性です。

　収益性の基準となる数値はいうまでもなく利益です。利益をベースにして、その利益をどの数値と比較するかにより、様々な収益性指標があります。本書では、損益計算書の売上高と比較する売上高利益率、貸借対照表の総資産、自己資本と比較するROA（総資産利益率）、ROE（自己資本利益率）について説明します。

（1）　売上高利益率

◆ 売上高利益率の特徴

　売上高利益率は、利益を売上高で割って求めます（**図表8-15**）。数ある収益性指標の中で売上高利益率がよく使われるのは、単純で分かりやすいからです。後で説明するROA（総資産利益率）やROE（自己資本利益率）は損益計算書と貸借対照表の両方が必要ですが、売上高利益率は損益計算書さえあれば簡単に計算できます。シンプルなので他社との比較も行いやすく、また、会社内部の管理指標としても有用です。

　売上高利益率は、同業者間比較を行う場合に使いやすい指標です。同業者であれば売上高と利益の相関関係は同質だからです。しかし、異業種間の比較になると、業界によって売上高と利益の相関は大きく変わりますから、その有効性は大きく減退します。売上高利益率はそうした限界を踏まえた上で利用しなければなりません。

図表 8-15　売上高利益率の算定式

$$売上高総利益率 \quad = \quad \frac{売上総利益}{売上高} \times 100$$

$$売上高営業利益率 \quad = \quad \frac{営業利益}{売上高} \times 100$$

$$売上高経常利益率 \quad = \quad \frac{経常利益}{売上高} \times 100$$

$$売上高当期純利益率 = \frac{当期純利益}{売上高} \times 100$$

◆ 様々な売上高利益率

　売上高利益率は 1 つではありません。損益計算書の利益の種類に応じて次のような売上高利益率があります。これらを分析する目的に応じて使い分ける必要があります。

①売上高総利益率

　売上総利益は売上から売上の対象となった商品や製品の生の原価を引いたものですから、商品力や製品力を反映していると考えることができます。売上高総利益率が高いということは、会社で取り扱う商品や製品そのものの魅力が高いということになります。

②売上高営業利益率

　売上総利益から、販売や管理のための経費を差し引いたものが営業利益です。売上高営業利益率が高いということは、会社の財務などを考慮しない、純粋な本業の収益力が高いということになります。

③売上高経常利益率

　経常利益とは、本業だけでなく、財務も含めて特別の要因がなければ、

毎期経常的に発生すると予想される利益です。したがって、売上高経常利益率は本業に財務も加えた会社の通常の実力を示す利益率となります。

④売上高当期純利益率

　会社が事業年度中にどれくらい儲かったかということは当期純利益で表現されます。当期純利益が株主に対する責任のある利益ということができます。売上高当期純利益率は、売上高に対して、株主に責任のある最終的な利益の比率を表示したものになります。

（2）　ROA

◆ 会社全体の収益性

　損益計算書だけでなく貸借対照表も利用すると、収益性をより立体的に分析できます。ROA（Return On Assets：総資産利益率）は事業活動に投じた資産がどれだけ有効に活用できているかを評価する指標です。

　ROAは**図表8-16**の①の算式で計算されます。分母の総資産は、貸借対照表の借方の資産の合計ですが、貸借対照表では貸借は一致するので、貸方の負債と純資産を合計した「総資本」と表現することもできます。

　分子の利益は、目的に応じて損益計算書の利益を使い分けます。営業利益や経常利益を使用することもありますが、最終的な会社の評価を行う場合は当期純利益を用います。

　次に説明するROE（Return On Equity：自己資本利益率）は、株主が投下した自己資本に対する利益率を見る指標であるのに対し、ROAは自己資本だけでなく、他人資本を含めた会社に投下された資本全部に対する利益率を判断する指標です。貸借対照表の資産の面からいえば、会社の所有する全資産が、利益獲得に際してどの程度効率的に活用できたかを見る指標ということになります。総資産の活用度から利益を見るということも、会社の収益性を判断する上では非常に重要です（**図表8-17**）。

図表 8-16　ROA の算定

① ROA（総資産利益率）＝ $\dfrac{\text{当期純利益（R）}}{\text{総資産（A）}} \times 100$

② ROA＝ $\dfrac{\text{当期純利益}}{\text{総資産}} \times 100 = \dfrac{\text{当期純利益}}{\text{売上高}} \times \dfrac{\text{売上高}}{\text{総資産}} \times 100$

　　　　　　　　　　　　　　　　　　　　　　　売上高利益率　　　総資産回転率

図表 8-17　ROE と ROA

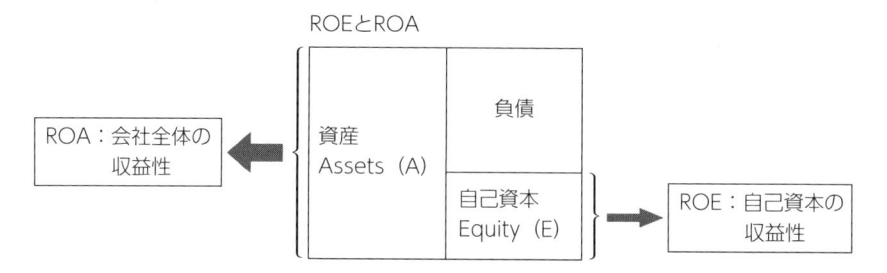

ROEとROA

ROA：会社全体の収益性 ← 資産 Assets（A）／負債／自己資本 Equity（E）→ ROE：自己資本の収益性

◆ ROA の分解

　このように ROA では会社全体の収益性が評価されます。では ROA を引き上げるにはどのようにすればよいでしょうか。

　ROA を分解すると、図表 8-16 の②のように売上高利益率と総資産回転率に分解できます。ROA を引き上げるためには、売上高利益率か総資産回転率、もしくはその両方を上昇させなければなりません。

　売上高利益率を向上させるためには、製品の付加価値を向上させるか、経費を削減して利益率を上げる必要があります。一方、総資産回転率を上昇させるためには、総資産を圧縮するか、売上高を増大させなければなりません。利益率の上昇を伴わない売上高の増大は、もう一方の項目の売上高利益率を低下させますから、総資産を圧縮することが効果的です。

　高度経済成長時代の日本では、資産が大きいことが良い会社の条件でし

た。しかし、ROA を意識すれば、資産は少ないに越したことはありません。ROA は日本企業に、経営のスリム化を財務指標の面から促しています。

（3） ROE

　前項で説明した売上高利益率と ROA（総資産利益率）は会社全体の収益性を評価する指標ですから、上場、非上場を問わず、すべての会社に適用できる収益性指標になります。一方、これから説明する ROE（自己資本利益率）は株主資本（自己資本）に限定した収益性であり、上場企業において特に重要視される収益性指標です。というのは、非上場企業は株式の譲渡は多くないので、自己資本の収益性は余り問われないのに対し、上場企業では自己資本の収益性こそが株価を左右する重大な要素とされ、投資家の注目を集める指標になるからです。

◆ 株主は大きなリターンを求める

　株主は契約で元利金の支払が約束されている債権者と違い、元本を失うリスクを背負って株式に投資しています。債権者は元本と利息を回収することが大前提ですが、株主は会社が存続できないときは元本すら失うというリスクも踏まえ、そのリスクを補って余りあるリターンを求めて投資しています。株式投資の最大の目的は債権者のような確実な元利金の回収ではなく、より大きなリターンです。

　債権者は契約により確定した利息と元本の返済を会社から直接受け取りますが、株式に投資した株主の投資資金の回収は、主として所有している株式を第三者に売却することで行います。会社の業績が好調なら株価は上がり、株式は高値で売却できます。逆に業績が悪ければ株価は低迷し、株式は安い価格でしか売れません。ときには元本を割れることもあるかもしれませんし、場合によっては買い手がつかず売却すらできないかもしれません。このように株式投資のリターンには、会社の業績が鮮明に反映されます。

◆ 上場企業で最重視される ROE

　株主の財産は財務諸表では自己資本として表現されています。株主にとって重要なのは、株主の財産である自己資本が、株式を取得したときからどれほど増加しているかです。

　自己資本増加の主たる要因は、損益計算書で算定される当期純利益です。配当などがありますから、財務諸表上ストレートに当期純利益が自己資本の増加につながるわけではありません。しかし、主として当期純利益から支出される配当は直接的な株主への金銭による還元であり、残った内部留保は会社の株主の財産を増加させることにより株価を上昇させます。したがって、当期純利益すべてがトータルとしての株主の財産の増加につながると考えられます。つまり、株主にとって注目すべき比率は、自己資本に対する当期純利益の割合です。これを表す指標が ROE です（**図表 8-18**）。

　ROE は株主財産としての自己資本の収益性を端的に表現していますから、上場企業における株式投資に関して最も重視される指標の 1 つとなります。

図表 8-18　ROE の算定

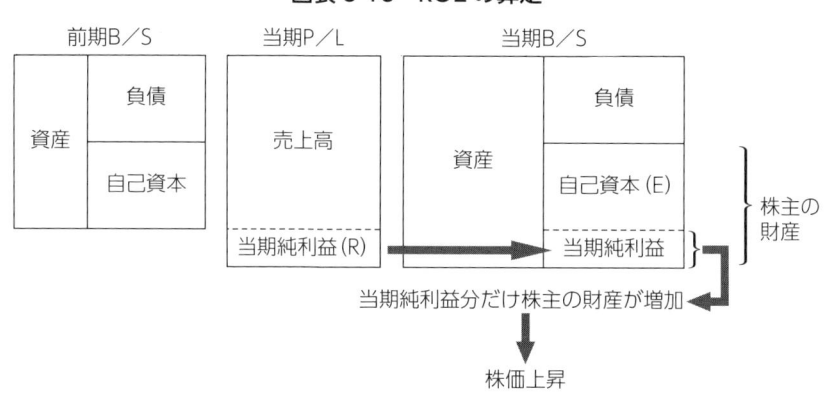

$$ROE（自己資本利益率）= \frac{当期純利益（R）}{自己資本（E）} \times 100$$

（4） ROA、ROE、自己資本比率の相互関係

◆ 収益性指標と安全性指標

ROE と ROA は収益性を測る重要な指標です。もう 1 つ大切な指標に自己資本比率があります。自己資本比率は会社の安全性を見るもので、債権者が最も重視する指標です。株主にとっても、自己資本比率が低下して会社が倒産すれば元も子もないので、やはり無視できない指標です。したがって経営者は、ROE、ROA、自己資本比率をできるだけ高くしていくような経営をしていかなければなりません。

ROE、ROA、自己資本比率は、**図表 8-19** のように計算されます。この 3 つの指標は相互に関連していますが、これらの指標を高くするためには、指標の要素である資産（A）と自己資本（E）と当期純利益（R）をどのようにすればよいかを考えてみます。

図表 8-19　ROE、ROA、自己資本比率

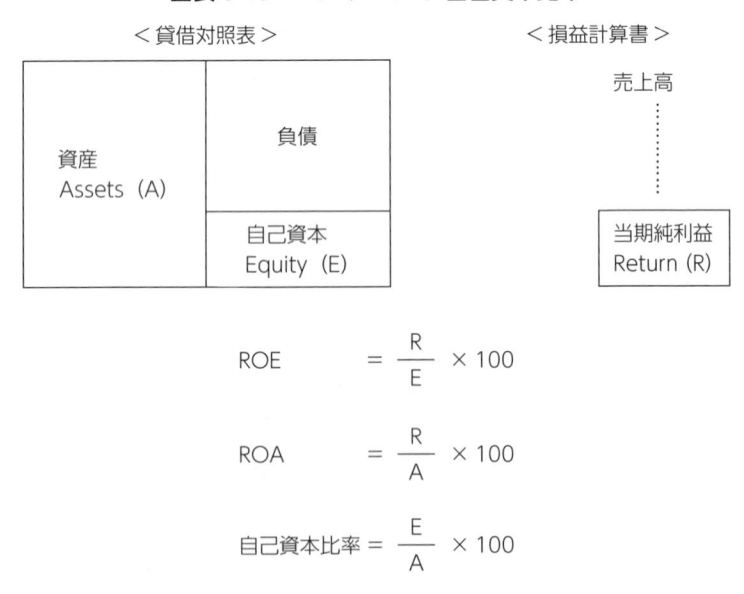

$$ROE = \frac{R}{E} \times 100$$

$$ROA = \frac{R}{A} \times 100$$

$$自己資本比率 = \frac{E}{A} \times 100$$

◆ R は大きく、A は小さく

　当期純利益（R）は ROE と ROA の分子にしか出てきませんから、R を高めることは無条件に効果的です。当然のことですが、R を高めれば ROE も ROA も向上します。会社は損益計算書の利益を高めるべく努力をし続けなければなりません。そのためには、新製品開発による付加価値向上や、生産や販売の合理化による経費削減で利益率を高める必要があります。

　逆に資産（A）は ROA と自己資本比率の分母にしか出てきませんから、A はできるだけ小さくしなければなりません。A を小さくすれば、ROA と自己資本比率が向上します。資産が大きいことは今や何の自慢にもなりません。収益向上に役立たない遊休資産があれば売却すべきですし、使わない余裕資金があれば借入金などの負債を返済し、資産・負債を圧縮しなければなりません。これからの会社はできるだけ「持たざる経営」を志向する必要があるのです。

◆ 矛盾する E

　問題は自己資本（E）です。E は ROE では分母に、自己資本比率では分子に出てきます。したがって、E を小さくすれば ROE は向上します。ROE 向上の第一の方策は、いうまでもなく分子である利益の向上ですが、次善の策として、自社株買いによる分母（自己資本）の削減も有効な対策になります。一方、あまりに自己資本を圧縮すると、自己資本比率が低下してしまいます。自己資本比率の低下は会社の安全性に対する危惧を増幅することに注意しなければなりません。かといって、自己資本比率を重視して過度に自己資本を大きくすると、今度は ROE が低下してしまいます。

　つまり、自己資本は小さ過ぎれば当然困りますが、ただ大きければよいというものではないのです。収益性指標である ROE と安全性指標である自己資本比率のバランスをどう保つかが、経営者（特に上場企業の経営者）には大きな課題として横たわります。

8．資金分析

　会社にとって、資金の状況は極めて重要です。会社が行き詰まり、会社が倒産するかどうかを決するのは資金ですし、工場建設など前向きな投資をするときにも資金がなければできません。その意味で会社の資金状態を分析することは、会社を見る上で不可欠です。

（1）　売却益と資金

　資金状態の分析のメイン資料はキャッシュフロー計算書ですから、キャッシュフロー計算書について説明します。ただ、分析の前に、キャッシュフロー計算書の構造をよりよく理解するために、損益とキャッシュフローとの関係を、設例を見ながら整理します。

　そこで、資産を売却したときの貸借対照表、損益計算書とキャッシュフロー計算書の関係について見てみましょう。

◆ 土地売却益と資金

　たとえば、**図表 8-20** のような貸借対照表と損益計算書があったとします。この決算書から次のようなことが分かります。貸借対照表では土地勘定が 1,500 から 1,000 に 500 減少し、長期借入金が 2,000 から 1,000 に 1,000 減少しています。他方、損益計算書では土地売却益が 500 発生しています。この土地売却に伴い、損益と資金がどのように動いたか検証してみます（土地の移動はこの売却 1 件だけがあったと仮定します）。

　損益は明確です。損益計算書に計上された土地売却益 500 が土地売却にかかる利益です。では、この土地売却でいくらの資金が入ってきて、その資金はどのように使われたのでしょう。売却によって得た資金は貸借対

照表と損益計算書に直接的には記載されていませんから、計算することになります。売却代金と売却益と簿価との関係は次のようになります。

売却代金 − 売却した土地の簿価 ＝ 土地売却益

したがって、売却代金は以下の算式で求められます。

売却代金 ＝ 売却した土地の簿価 ＋ 土地売却益

この例では、土地売却益は 500 ですから、売却した土地の簿価が分かれば売却代金が判明します。土地を売却すれば、貸借対照表の土地の価額が減少します。貸借対照表で土地の金額が 500 減少しているということは、土地の売却はこの 1 件だけという前提ですから、売却した土地の簿価が500 だったということが分かります。つまり、土地を売却したことによってこの会社が得た資金は 500+500=1,000 ということになるのです。この 1,000 の資金を使い、借入金を 1,000 返済したから、長期借入金が減少しているのです。

以上のことを仕訳で示したのが**図表 8-21** です。まず、第一段階として

図表 8-20　土地売却の事例①

貸借対照表

	前期	当期		前期	当期
土地	1,500	1,000	長期借入金	2,000	1,000
			利益剰余金	0	500

損益計算書

	前期	当期
土地売却益	0	500
当期純利益	0	500

簿価 500 の土地を売却して 1,000 の現預金を入手しますから、土地売却益が 500 発生します（図表 8-21 ①）。次にこの 1,000 の現預金で長期借入金を返済します（図表 8-21 ②）。

図表 8-21　土地売却にかかる仕訳

①土地売却で現預金が入金
（借方）現預金　1,000　　　　　　　（貸方）土地　500
　　　　　　　　　　　　　　　　　　　　　　土地売却益　500

②現預金で長期借入金の返済
（借方）長期借入金　1,000　　　　　（貸方）現預金　1,000

◆ キャッシュフロー計算書の作成

　今度は以上の事実をベースに、この土地売却にかかるキャッシュフロー計算書を作成します。それが**図表 8-22** です。キャッシュフロー計算書は損益計算書と貸借対照表をベースに、事業活動を営業活動、投資活動、財務活動の 3 分割し、キャッシュの動きを分かりやすく説明します。

　営業活動によるキャッシュフローは当期純利益（正式には税引前当期純利益ですが、本稿では簡略化のため当期純利益とします）が出発点になり

図表 8-22　キャッシュフロー計算書

Ⅰ　営業活動によるキャッシュフロー	
当期純利益	500
土地売却益	△ 500
＜営業活動によるキャッシュフロー＞	0
Ⅱ　投資活動によるキャッシュフロー	
有形固定資産の売却による収入	1,000
＜投資活動によるキャッシュフロー＞	1,000
Ⅲ　財務活動によるキャッシュフロー	
長期借入の返済による支出	△ 1,000
＜財務活動によるキャッシュフロー＞	△ 1,000
現金及び現金同等物の増減額	0

ます。当期純利益は 500 ですが、ここには土地売却益 500 が含まれています。土地売却は営業活動ではありませんから、この 500 は営業活動から除かなければなりません。そうすると、営業活動によるキャッシュフローは 0 になります。

　次に、土地売却による現預金の増加 1,000 は投資活動によるキャッシュフローとして計上されます。最後に、長期借入金 1,000 の返済は財務活動によるキャッシュフローとして計上されます。

◆ 税金との関係

　本稿では、分かりやすくするため税金は捨象して説明しましたが、実務では税金との関係がとても重要になります。

　（土地）売却益が生じれば、利益が増加して、法人税等が課税されます。それは純粋にキャッシュアウトとして計算しなければなりません。今回の例でいえば、土地売却益 500 が出ましたが、実効税率 30% とすれば、500 × 30%=150 が税金として流出します。もっとも土地売却以外の通常の取引で損失が生じていれば、土地売却益と相殺されて税金のキャッシュアウトは生じません。

　実務では税金を含めたキャッシュフローが重要なポイントになります。

（2）　売却損と資金

　ここでは土地を売却して売却損が出る場合の損益計算書、貸借対照表、キャッシュフロー計算書の関係を説明します。先に、売却益が出る場合を説明しましたので、それと見比べながら、キャッシュフロー計算書がどのように変わるのかを理解してください。

◆ 土地売却損とキャッシュフロー

　今度は土地を売却して、売却損 100 が発生しました（**図表 8-23**）。気

をつけなければならないのは、損益として損失が出ると、資金流出が起こると勘違いする人がいますが、そうではありません。損益としては損失であっても、土地を売却すると売却代金が流入するのですから、キャッシュフローとしてはあくまでプラスになります。これを貸借対照表と損益計算書で検証します。

図表8-23はこの土地売却に関する貸借対照表と損益計算書です。貸借対照表の動きは、土地勘定が1,500から1,000に500減少し、長期借入金が2,000から1,600に400減少しています。損益計算書では、今度は土地売却損が100発生しています。この土地売却に伴い、損益と資金がどのように動いたか見てみます（土地の移動はこの売却1件だけと仮定します）。

損益は、損益計算書に計上された土地売却損100が土地売却にかかる損失です。損失が出たということは、資金が出たということではありません。売却しているのですから、売却代金は入金しています。そこで売却代金を計算してみます。売却代金と損失と簿価との関係は次のようになります。

売却した土地の簿価－売却代金＝土地売却損

したがって、売却代金は以下の算式で求められます。

売却代金＝売却した土地の簿価－土地売却損

土地売却損は損益計算書から分かるとおり100です。貸借対照表で土地の金額が500減少しているということは、売却した土地の簿価が500だったということになります。つまり、土地を売却したことによって会社が得た資金は500 － 100=400になるのです。会社はこの400の資金を使い、長期借入金を400返済したことになります。

図表8-24はこの取引に関する仕訳です。①で簿価500の土地を400で売却していますから、100の土地売却損が出ます。そして、仕訳②で、その売却代金400で長期借入金を返済しています。

図表 8-23　土地売却の事例②

貸借対照表

	前期	当期		前期	当期
土地	1,500	1,000	長期借入金	2,000	1,600
			利益剰余金	0	△100

損益計算書

	前期	当期
土地売却損	0	△100
当期純損失	0	△100

図表 8-24　土地売却にかかる仕訳

①土地売却で現預金が入金
（借方）　現預金　400　　　　　　　　（貸方）　土地　　500
　　　　　土地売却損　100　　　　　　　　　　　土地売却益　500

②現預金で長期借入金の返済
（借方）　長期借入金　400　　　　　　（貸方）　現預金　400

◆ キャッシュフロー計算書の作成

　そこから、キャッシュフロー計算書を作成してみます（**図表 8-25**）。

　キャッシュフロー計算書は営業活動、投資活動、財務活動に3分割して表示されます。土地売却にかかる資金の動きは前回と同様に投資活動によるキャッシュフローに含まれます。営業活動によるキャッシュフローは当期純損失が出発点となりますが、そこには土地売却損100が含まれていますから、それを除きます。すると、営業活動によるキャッシュフローは0になります。

　次は投資活動によるキャッシュフローですが、土地売却代金の400がキャッシュフローのプラスとして計上されます。そして、その400で長期

借入金を返済したことが財務活動によるキャッシュフローに表示されます。

　繰り返しになりますが、会計上、売却損として損失が計上されても、資金的にはプラスとなることに留意してください。

図表 8-25　キャッシュフロー計算書

Ⅰ　営業活動によるキャッシュフロー	
当期純損失	△100
土地売却損	100
＜営業活動によるキャッシュフロー＞	0
Ⅱ　投資活動によるキャッシュフロー	
有形固定資産の売却による収入	400
＜投資活動によるキャッシュフロー＞	400
Ⅲ　財務活動によるキャッシュフロー	
長期借入の返済による支出	△400
＜財務活動によるキャッシュフロー＞	△400
現金及び現金同等物の増減額	0

◆ 税金との関係

　最後に税金との関係に触れておきます。

　(1) の売却益とは逆に、売却損は税金を考えればキャッシュとしては有利に作用します。今回のケースでは、土地売却で 100 の損失が生じていますが、土地売却以外の通常の取引で利益が出ていれば、この売却損が出たことで、その分課税所得を減らすことができます。実効税率 30% とすれば、100 × 30%＝30 の税額を減らすことができます。これはキャッシュフローを計算する上ではプラスとしてカウントしなければなりません。

　ただし、土地売却以外の通常の取引で利益が出ない赤字の会社は、この売却損は赤字額を増加させるだけですから、税額上プラスのキャッシュフロー効果は生じません。

　実務では、税額を含めたキャッシュフローを考えて土地売却の可否を考えなければなりません。

（3） 営業活動によるキャッシュフロー分析

　ここでは、キャッシュフロー計算書の見方について説明します。まず、営業活動によるキャッシュフローをどのように見るかを説明します。

①営業活動によるキャッシュフローがプラス

　営業活動によるキャッシュフロー（以下、営業キャッシュフローとします）は、本業によるキャッシュの獲得状況を表しています。

　投資活動でも財務活動でもキャッシュを増加させることができますが、これらの活動で増加したキャッシュは一時的なものや、いずれ返さなければならないものであり、企業の実力で生み出したキャッシュとはいえません。営業活動によって獲得したキャッシュは、企業本来の努力によるものですから、企業が本当に自由に使えるキャッシュです。

　営業キャッシュフローの成績は、会社の本業の実力を表現しています。営業活動でしか本当のキャッシュは生み出すことはできませんから、営業キャッシュフローでどれほどのキャッシュを獲得できたかが企業の真の実力といえます。ここで十分なキャッシュが生み出せれば、投資が活発に行えますが、貧弱なキャッシュしか生み出せないようであれば、ジリ貧になってしまいます。

　会計上の損益と営業キャッシュフローのプラス・マイナスとの間にはさまざまな要因があり、その相関関係を一律に確定することはできません。ただ、一般的にいえることは、会計上の利益は減価償却費を控除したものなので、他に何も変動がなければ、営業キャッシュフローは会計上の利益に減価償却費を加算したものと近い値になります。

◆ 営業活動によるキャッシュフローがプラスでも問題がある場合（図表 8-26）

　営業キャッシュフローはプラスであるのが通常です。営業キャッシュフローの黒字が、税引前当期純利益の黒字を主因に発生している場合は健全

だと判断できます。しかし、単にプラスだからというだけで安心してはいけません。本業の内容は悪くても営業キャッシュフローをプラスにすることは可能だからです。

　損益計算書上の税引前当期純利益は赤字でも、売上債権やたな卸資産を減少させたり、仕入債務を増加させたりすれば、営業キャッシュフローを黒字にすることができます。この状態は決して好ましいものではありません。税引前当期純利益が赤字ということは、本業は明らかに不振だからです。本業不振による赤字資金の調達を、売上債権の強引な回収、たな卸資産の安値販売で賄っている可能性があります。また、仕入債務の増加は、仕入資金を従来どおり支払うことができず、仕入先に商品代金支払の引き延ばしを要求した結果かもしれません。

　税引前当期純利益が赤字なのに営業キャッシュフローが黒字の場合は、こうした問題を内包している可能性があります。特に売上債権、たな卸資産、仕入債務の動向が営業キャッシュフローにどのような影響を与えているかに注意してください。

図表 8-26　営業活動によるキャッシュフローがプラスの原因

税引前当期純利益の黒字　　　　　　━━━━━━━━▶ 　健　全

税引前当期純利益は赤字だが　　　　━━━━━━━━▶ 問題あり
売上債権、たな卸資産の減少、仕入債務の増加

②営業活動によるキャッシュフローがマイナス（図表 8-27）

　健全な会社であれば、営業キャッシュフローはプラスになるのが普通です。したがって、営業キャッシュフローがマイナスの場合には、その原因の分析が重要です。マイナスの原因は以下のようなことが考えられます。

◆ 本業の不振

　営業キャッシュフローのマイナスの主因が税引前当期純利益の赤字であ

れば、原因は自明です。本業が不振だからです。本業不振の原因は損益計算書で解明しなければなりません。

◆ 売上債権の増加

ここからは「税引前当期純利益は黒字だが営業キャッシュフローは赤字」というケースです。その原因の1つが、売掛金や受取手形などの売上債権の増加です。損益計算書で売上を計上して利益は上がったが、まだキャッシュとして回収できていないという状態です。売上が急増するときは売上債権も増加しますが、その内容も見る必要があります。得意先が正常な会社で、ただ単に売掛金の期日が来ていないために支払がなされていないのだとしたら問題はありません。問題なのは取引先が業況不振である場合です。得意先が売掛金を支払ってくれなければ、その分は貸倒損失となり、計上された利益はなくなってしまいます。

◆ たな卸資産（在庫）の増加

売上が順調であり、次の売上に備えるために在庫が増加しているのだとしたら、問題はありません。問題なのは売上原価を圧縮し、見かけ上の利益を計上するために在庫を増加させている場合です。期末在庫を増やせば売上原価は減少します。在庫の価値が取得時点より大幅に下がっているにもかかわらず評価額を下げていないとか、本当は商品がないにもかかわらず帳簿上あることにしているとか、商品単価を上げて期末在庫金額をかさ上げしているような場合です。このような場合には、在庫にはそれだけの価値はないのですから、計上した利益は架空の利益ということになります。

◆ 仕入債務の減少

支払手形・買掛金等の仕入債務が減少すれば、営業キャッシュフローは減少します。手持ち資金や銀行借入で資金を作り、仕入サイト（仕入債務の支払期間）を短縮して仕入債務を減少させたということであれば問題は

ありません。問題となるのは、仕入先からのサイト短縮の要請による仕入債務の減少です。当社の仕入債務は仕入先から見れば売上債権です。先方としては、当社の信用状態が悪化したと判断すれば、売上債権は圧縮しなければなりません。このような理由による仕入債務の減少は資金繰りを厳しくします。

図表 8-27　営業活動によるキャッシュフローがマイナスの原因

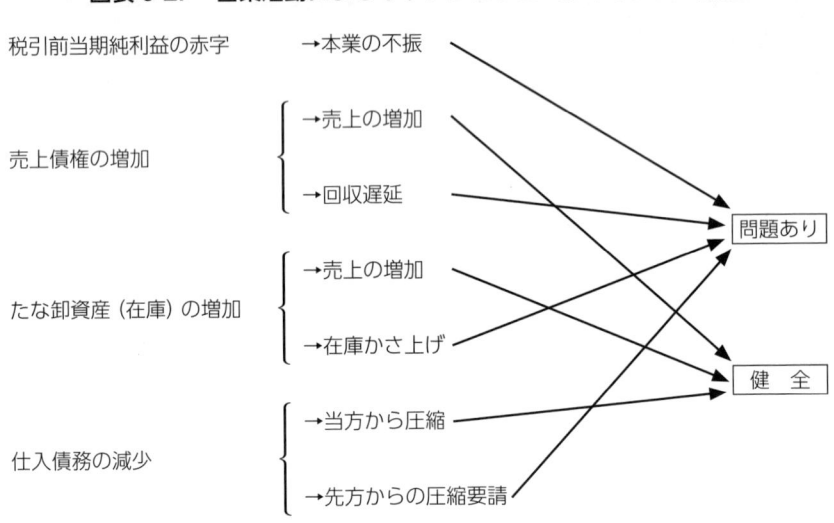

（4）投資活動によるキャッシュフロー分析

投資活動によるキャッシュフローの見方について説明します（**図表 8-28**）。

◆ プラスかマイナスか

投資活動によるキャッシュフロー（投資キャッシュフロー）は、前述した営業キャッシュフローとは異なり、プラスの場合もマイナスの場合もあります。成長企業であれば、投資を継続させるためマイナスになりますし、成熟企業であれば、投資からの回収のほうが大きくなってプラスになるこ

ともあります。それは会社が現在到達しているステージと今後の経営戦略次第といえます。

　ただ、一般論としていえば、営業キャッシュフローによりキャッシュフローは生まれ、それを活用して投資を行い、会社は成長し続けるのですから、投資キャッシュフローはマイナスとなるのが普通です。

◆ 投資の方向性

　投資キャッシュフローでキャッシュを投下する資産には、固定資産、有価証券、貸付金などがあります。投資キャッシュフローの内訳から、会社が固定資産や有価証券にいくら投資したか、あるいは回収したかが分かり、そして大体の投資の方向性も把握できます。

　たとえば、工場、研究所、本社の新設や増設を行えば、「有形固定資産の取得による支出」がマイナスになり、内部投資で会社を成長させようという意図がうかがえます。内部投資は成長に時間がかかるので短期間に大きく成長しようと思えば、M&A（企業の合併・買収）を行うこともあります。この場合は「有価証券の取得による支出」が増加します。

　投資ですから原則的にキャッシュは出ていきますが、過去に行った投資から回収することもあります。「有形固定資産の売却による収入」や「有価証券の売却による収入」があれば、以前取得した固定資産や有価証券を売却してキャッシュを得たことになります。

◆ 投資の財源

　投資キャッシュフローがマイナスの場合は、投資の財源を確認します。投資財源の主なものは、営業キャッシュフローのプラスか、財務活動によるキャッシュフロー（財務キャッシュフロー）での資金調達です。

　投資態度として堅実なのは、営業キャッシュフローのプラスの範囲内で投資するという姿勢です。営業キャッシュフローのプラスの範囲内で投資している限り、外部からの資金投入は不要ですから、財務体質は悪化しま

せん。成熟企業はこのパターンが多くなります。営業キャッシュフローを超えて投資しようとすれば、財務キャッシュフローにより資金を調達しなければなりません。

　営業キャッシュフローの範囲内に投資を抑えるというのは堅実ですが、いつもこの姿勢が正しいとは限りません。成長企業であれば現在の営業キャッシュフローの獲得より投資キャッシュフローのほうが大きくなるのは当然だからです。投資についてあまりに保守的姿勢に終始すると、せっかくの投資機会を逃すことになりかねません。つまり、会社がどういう成長段階にあるかで投資財源は変わってよいのであり、堅実なことが常に正しいとは限りません。

図表 8-28　投資活動によるキャッシュフロー

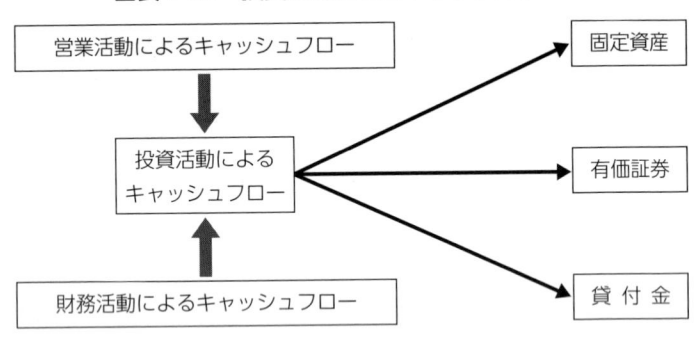

（5）　財務活動によるキャッシュフロー分析

　キャッシュフローの余剰や不足をどのように調整したかを表示するのが、財務キャッシュフローです（**図表 8-29**）。

◆ 有利子負債による資金調達
　資金が足りなくなれば、資金調達を行わなければなりません。資金調達の方法として一般的なのは、有利子負債による調達です。

　有利子負債には借入金と社債があります。借入金は流動負債である短期借入金と、固定負債である長期借入金に分けられます。社債は通常、長期ですから固定負債になります。

　資金が必要になる場合、このいずれかを選択します。短期借入金は長期借入金や社債に比べれば金利は低いですが、短期（通常1年以内）に返済しなければなりません。長期借入金や社債は金利は高いですが、返済期間が長期（1年超）になり資金繰りが安定します。通常の運転資金不足であれば短期で調達し、設備投資資金不足なら長期で調達します。短期（流動負債）より長期（固定負債）で調達したほうが、資金の安定性は向上します。

　資金が余剰になれば、借入金の返済を行います。借入金の返済をすれば、財務体質は強化されます。

◆ 株主資本による資金調達

　有利子負債ではなく、公募増資や第三者割当増資などで株主資本を増加させることにより、資金調達する方法もあります。有利子負債による調達とは以下のような違いがあります。

　有利子負債を増加させると自己資本比率が低下し、財務体質が悪化しますが、株主資本で資金調達をすれば、自己資本が強化されます。また、株主資本は返済不要の資金ですから、有利子負債である固定負債での調達よりさらに資金の安定性が向上するというメリットがあります。ただし、株主資本で資金調達すると、発行済み株式数が増加し、資本の希薄化（ダイリューション）が生じて株価のマイナス要因になります。

　資金が余剰になれば株主還元を行います。株主還元の方法には配当金の支払と自己株式の取得があります。自己株式を取得すると自己資本比率が低下しますが、余剰資金の株主還元としては有効です。

◆ 最適な手法の選択

　このように資金調達はそれぞれの方法に一長一短ありますが、資金不足

の原因を把握し、会社に適した資金調達を選択しなければなりません。また、その際は会社の財務体質にも注意しなければなりません。有利子負債での調達は自己資本比率を低下させますが、株主資本での調達は自己資本比率を上昇させます。

図表 8-29　財務活動によるキャッシュフロー

～資金不足と余剰の調整方法～

資金	分類	手法	効果
不足	有利子負債 （短期借入金、長期借入金、社債）	借入	自己資本比率低下
	株主資本 （資本金、資本剰余金）	増資	自己資本比率上昇
余剰	有利子負債 （短期借入金、長期借入金、社債）	返済	自己資本比率上昇
	株主資本 （資本金、資本剰余金）	配当 自己株式取得	自己資本比率低下

（6）キャッシュフロー計算書のパターン分析

ここでは、キャッシュフロー計算書のまとめとして、キャッシュフロー計算書全体の典型的なパターンとそこから読み取れる会社の特色について説明します。

一般的には、会社の内容や方向性に応じてキャッシュフロー計算書は以下のようになります。

◆ 通常の会社（図表 8-30）

利益を上げている普通の会社の営業活動によるキャッシュフロー（営業キャッシュフロー）は、プラスになります。ただ、売掛金や在庫が急激に増加して、たまたま営業キャッシュフローがマイナスになることがあります。そ

れでも連続してマイナスになるのは要注意です（後述の「危ない会社」参照）。

投資キャッシュフローの状況は、会社の到達しているステージと会社の方針により異なります。成熟会社で投資機会が少ない会社はプラスになりますし、投資に積極的な会社はマイナスになります。ただ、一般的にいえば、企業は成長するために投資を継続しなければならないので、大体はマイナスになります。

財務キャッシュフローは、営業活動と投資活動の最終結果を調整しますから、不足と余剰に応じてプラスになったり、マイナスになったりします。

図表8-30　通常の会社のキャッシュフロー計算書

区分	内容
営業活動によるキャッシュフロー	・プラスが原則
投資活動によるキャッシュフロー	・一般的にはマイナス ・成長企業はマイナス ・成熟企業はプラスもある
財務活動によるキャッシュフロー	・最後の調整でプラスもマイナスもあり得る

◆ キャッシュ余剰の会社（図表8-31）

キャッシュ余剰の会社は、営業キャッシュフローで十分なプラスのキャッシュフローを生み出します。

投資キャッシュフローでは成長のために投資を行いマイナスになっても、そのマイナスは営業キャッシュフローのプラスの範囲内に収まります。

投資を行っても、営業キャッシュフローのプラスの範囲内ですから、財務キャッシュフローで余剰が出ます。したがって、財務キャッシュフローで有利子負債の返済、配当、自己株式取得などの株主還元を行います。それでもまだ余剰が出れば、キャッシュの保有額を積み増します。

キャッシュ余剰の会社の最大の特色は営業キャッシュフローから余剰が生じることであり、営業キャッシュフローから生じるキャッシュの使

い道が問われます。

図表 8-31　キャッシュ余剰の会社のキャッシュフロー計算書

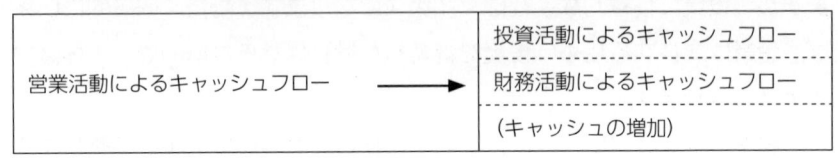

（ ――――▶ はキャッシュの投入）

営業活動によるキャッシュフロー ――――▶	投資活動によるキャッシュフロー
	財務活動によるキャッシュフロー
	（キャッシュの増加）

◆ 成長途上の会社（図表 8-32）

　成長途上の会社は現状の会社規模に比べて大きな投資が必要になりますから、投資キャッシュフローがマイナスになります。投資キャッシュフローのマイナスが営業キャッシュフローのプラスより少なければ、財務キャッシュフローで資金調達をする必要はなく、財務体質は悪化しません。

　ただ、営業キャッシュフローのプラスと投資キャッシュフローのマイナスの大小は、会社の到達しているステージによります。成熟した会社であれば営業キャッシュフローのプラスのほうが大きくなるでしょうが、成長途上の会社は活発な投資を行わなければなりませんから、投資キャッシュフローのマイナスのほうが大きくなることがあります。これから大きく成長しなければならない会社がキャッシュフローの悪化を恐れて、投資キャッシュフローを営業キャッシュフローの範囲内に収めていては、せっかくの成長機会を逃してしまいます。そこで、成長途上の会社では営業キャッシュフロー以上の投資を行い、その不足分は財務キャッシュフローで調達するという、積極的な財務戦略を取る必要があります。

図表 8-32　成長途上の会社のキャッシュフロー計算書

（ ――――▶ はキャッシュの投入）

| 営業活動によるキャッシュフロー ――――▶ | 投資活動によるキャッシュフロー |
| 財務活動によるキャッシュフロー ――――▶ | |

　成長途上の会社の最大の特色は営業キャッシュフロー余剰を超える投資キャッシュフローのマイナスであり、そのマイナス分を財務キャッシュフローでどのように調達するかが問われることになります。

◆ 危ない会社 (図表 3-33)

　危ない会社の典型は営業活動キャッシュフローのマイナスにあります。営業活動を行いながら、キャッシュを失っているようでは会社の存続はおぼつかないからです。通常の会社の項で述べたように、1 期だけマイナスということはないではありませんが、連続マイナスは要注意です。

　営業キャッシュフローがプラスでも、投資キャッシュフローのマイナスが営業キャッシュフローのプラスをはるかに超えていれば過剰投資による破綻懸念の危険性があります。この辺は前述の「成長途上の会社」も同様なので、その識別が難しいところです。識別ポイントは投資が将来、キャッシュフローの増加につながるかということと、財務キャッシュフローの資金調達に無理が生じないかどうかです。危ない会社は投資の有効性に疑問があり、資金調達に困難が生じることになります。

図表 8-33　危ない会社のキャッシュフロー計算書

区分	内容
営業活動によるキャッシュフロー	・マイナスになることが多い ・連続マイナスは要注意
投資活動によるキャッシュフロー	・大きくマイナスになることがある ・投資効果に疑問あり
財務活動によるキャッシュフロー	・大体プラスになる ・資金調達に無理がある

9. 株価関連指標

これまでは上場会社、非上場会社に共通する決算分析について解説してきました。ここからは上場会社に特有の決算分析に入ります。上場会社は株式を市場に上場している会社ですから、投資家という立場から会社をどう見るかがポイントになります。

（1）配当関連指標

◆ キャピタルゲインとインカムゲイン

株式投資による儲けには、キャピタルゲインとインカムゲインの2種類があります。キャピタルゲインは株式を売却したときの売却益であり、インカムゲインは株式を保有し続けることにより得られる利益、すなわち配当になります。短期的な利益の絶対額からいえば、キャピタルゲインのほうがインカムゲインより大きくなることが多いので、キャピタルゲインが注目されがちですが、キャピタルゲインは株式を売却しない限り実現しません。

株式保有を継続する投資家にとっては、配当はキャッシュとして利益を獲得できる唯一の機会ですから、配当の有無あるいは大小は要注目ポイントです。会社としても、長期保有の投資家を意識するなら、どのような配当政策を採用するかは極めて重要です。

◆ 配当か内部留保か

会社の維持・成長のためには、設備投資などの資金が要ります。資金は借入により調達することもできますが、会社が稼いだ利益を充てるという選択肢もあります。つまり、会社が稼いだ利益は株主に配当として還元するか、社内に留保して会社として使うかの2つの選択肢があることにな

ります。

　利益処分の決定は株主総会で行われます。そこで、株主は納税後の利益を自ら配当として受け取るのか、あるいは会社に留保して再投資するのかを決めます（**図表 8-34**）。

図表 8-34　配当か内部留保か

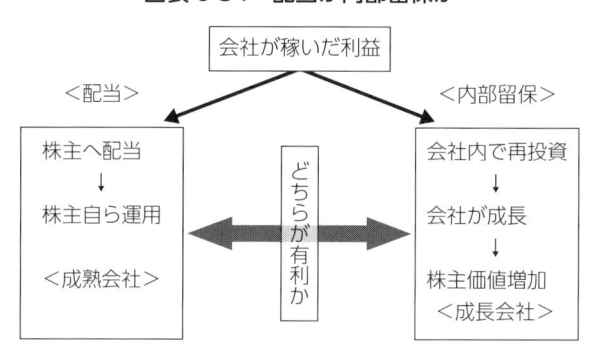

◆ 成長会社は内部留保優先、成熟会社は配当優先

　株主は配当として現金を受け取れば手元資金が増えますから、そのほうが得だと思うかもしれません。しかし、そう単純ではありません。というのは、株主が配当として現金を受け取れば、株主はそのカネを再投資しなければならないからです。株主が預金や投資信託で運用すれば、預金利回りか平均株価の伸び率程度にしか資金を増加させることはできません。一方、資金を会社に残し、会社がその資金をうまく活用して、より大きな利益を上げてくれれば、会社の株主財産は増加し、株価は上昇します。そのどちらが有利かを株主は判断することになります。

　成長段階にある会社は資金需要が旺盛です。そうした会社は配当として社外に流出させるより、資金を会社に残して活用し、株主財産を増加させたほうが、会社だけではなく株主のためにもなるのです。

　他方、成熟期の会社は、成長力は減退し資金需要がなくなってきます。そうした会社は、会社内部で資金を使うよりも株主に配当として直接還元

したほうがよいということになります。

　このように会社の成長段階に応じて配当政策は変わってきます。

　さて、配当に関して注目される指標には、以下の配当性向と配当利回り
があります。

◆ 配当性向は会社の意思表示

　配当は会社が稼いだ利益から行うというのが一般的な考え方です。配
当性向とは、期中に稼いだ最終利益のうち何 % を配当しているかを見る
ものです（**図表 8-35**）。配当性向 30% なら、毎期当期純利益のおおよそ
30% を株主に配当し、残りの 70% を内部留保することになります。配
当性向を確定しておけば、利益が増えれば配当が増えますし、減れば配当
も減少します。配当を稼いだ利益に連動させるというのは合理的な考え方
です。

　最近は配当性向を一定率に決めて配当する会社が多くなっています。配
当性向の決め方には次の 2 つがあります。経営成績が連結重視になって
いることから連結利益で配当性向を定める方法と、配当は親会社で行うも
のということから親会社個別利益で配当性向を定める方法です。

　一方、その年の利益に関係なく、定額の配当を行うとする安定配当を配
当政策としている会社もあります。昔は安定配当政策を採用する会社が数
多くありました。それは株式の持ち合いが多く、株主還元としての配当をそ
れほど真剣に考えなくてもよかったことが背景にあったからと思われます。

　会社が配当に対しどういう考え方を持っているかを知ることは、株式投

図表 8-35　配当性向…会社の意思表示

$$配当性向 = \frac{1\ 株当たり配当額}{1\ 株当たり当期純利益} \times 100$$

資の大切なポイントです。特に長期投資を志向する投資家にとっては一層重要になります。

◆ 配当利回りは他と比べる

　配当利回りとは、1 株当たりの配当額が株価の何 % かを表したものです（**図表 8-36**）。

　株式投資の利益には、前述したように配当だけではなく売却益もありますから、株式投資全体の投資効率を考えるときには配当利回りは不向きです。しかし、売却益は売却する時点まで分からないのに対し、配当は株式を保有している限りキャッシュとして入ってくるので、保有期間中に実感できる運用益の利回りを見るという点で、配当利回りは適しています。株式をずっと持ち続けるとしたら、国債や預金の利率と見比べて有利かどうかという、株式投資の魅力を判断するのにも役立ちます。

　ただし、注意しなければならないのは、国債や預金は元本の返済が確実であるのに対し、株式は元本が保証されていません。売却したときに株価が下がっていれば売却損が出るので、配当利回りはよくてもトータルの損益計算では損になってしまうこともあります。また、配当は会社の業績次第で変動することも頭に入れておいてください。したがって、配当利回りで判断するのは、業績が安定し、株価の変動が少ないと思われる会社に適しており、業績や株価の変動の大きい会社を見るにはふさわしくありません。

　配当性向は会社が自ら決定することができるのに対し、配当利回りは会社が決定するものではなく、投資家が投資する際の判断材料となるものです。

図表 8-36　配当利回り…配当利回りはその他の運用利回りと比べる

$$配当利回り = \frac{1 株当たり配当額}{株価} \times 100$$

（2）PER

PER とは Price Earnings Ratio の略で日本語では株価収益率と訳されます。PER は 1 株当たり利益と株価を比較した指標であり、株価の水準を判断する上で、とても重要視されています。

◆ 個別株式の収益性を表示する EPS

株式の価値は会計的には、貸借対照表の自己資本を評価したものといえます。決算書では、基本的に当期純利益の分だけ自己資本が増加しますから、投資家にとっては当期純利益が最も着目すべき利益です。したがって、当期純利益の大きい会社ほど、投資に適している会社ということができます。ただ、当期純利益が大きい会社がそのまま投資に値する会社とはなりません。

投資家は会社が発行する株式の一部を取得するのですから、重要なのは個別株式の収益性です。いくら当期純利益の大きい会社であっても、発行している株式数が多ければ、個々の株式の収益性は劣ります。そこで、個別株式の収益性を測る指標として、当期純利益を発行済み株式数で割った EPS（Earnings Per Share：1 株当たり利益）が登場します（**図表 8-37**）。

EPS が大きいほど、株式数を基準にして見た収益性は高くなります。では、EPS が高ければすぐに投資対象となるかというと、そうともいえません。というのは、EPS が高くても、それを既に見込んで株価が十分に高くなっていれば、割高な投資となり、現在では魅力ある投資対象とはならないからです。

図表 8-37　EPS と PER の算定式

$$\text{EPS（1 株当たり利益）} = \frac{\text{当期純利益}}{\text{発行済み株式数}} \quad \text{（倍）}$$

$$\text{PER（株価収益率）} = \frac{\text{株価}}{\text{EPS}} = \frac{\text{株価×発行済み株式数}}{\text{当期純利益}} = \frac{\text{株式時価総額}}{\text{当期純利益}}$$

着目しなければならないのは、EPS と現在の株価との相関であり、そこで必要とされるのが PER（Price Earnings Ratio：株価収益率）です。

◆ 利益と株価をつなぐ PER

PER は株価を EPS で割って算出し、現在の株価が 1 株当たりの当期純利益の何倍（あるいは何年分）あるかを示しています（**図表 8-36**）。

PER が高いとは、1 株当たりの利益に比べて株価が高いということであると同時に、現在の利益水準が続くとすれば、今の株価を賄うには相当長期間必要になることを意味します。あるいは、将来の利益成長を見込めるから、現在の利益水準で測れば PER が高くなるともいえます。

反対に PER が低いのは 1 株当たりの利益に比べて株価が安いということであり、現在の利益水準が短期間続いただけで、今の株価を賄えることになります。それは同時に、市場は将来の利益成長を見込めないと判断しているともいえます。

EPS は当期純利益を発行済み株式数で割って求めますから、PER の算定式は**図表 8-37** にあるように書き換えることができます。つまり、PER とは会社の収益力（当期純利益）を基準にして見たときの、株式の評価（株式時価総額）を表現していることになります（**図表 8-38**）。

図表 8-38　決算書と株式市場をつなぐ PER

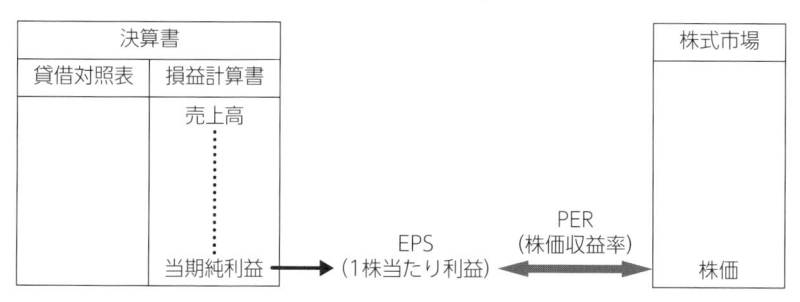

PER の分子である株価は将来の収益力を見込んで形成されるのに対し、分母である当期純利益は直近期の実績や当期の予想利益を使います。したがって、将来の期待収益力の大きな会社の PER は大きくなりますし、将来の収益力が現在とほとんど変わらない安定的な会社であれば、PER は小さくなります。

PER は株式投資をする際には大変参考になる指標です。利益率や自己資本比率等の指標は決算書だけで完結してしまい、株価との関連性がありません。それに対し、PER は会社の業績と株価を関連させたもので、業績に対して株価が割安か割高かを判断できるからです。

ただ、次に説明する PBR（株価純資産倍率）のように、あるべき理論的な数値といったものはありません。つまり、投資の目安として使えるすべての会社に共通する PER の絶対的水準はなく、会社間の相対比較において有効だと考えられます。

期待収益力は業種によっても変わります。伝統的業種では将来収益力は現在とあまり変わらないと考えるのが普通ですが、IT 産業のようなこれから拡大が期待できる新興業種では、将来の期待収益力は高くなります。同じ業種内で PER を比較することにより、出遅れ株や買われ過ぎた株を判断することが可能です。

また、PER は経済全体の動向によっても左右されます。好景気で経済全体の期待収益力が高くなると判断されれば、PER は大きくなりますし、逆に不景気で期待収益力が落ち込めば、PER は小さくなります。

（3） PBR

PBR とは Price Book-value Ratio の略で日本語では株価純資産倍率といいます。PBR は 1 株当たり純資産と株価を比べた指標で、（2）で説明した PER と並んで株式市場で重要視される指標です。

◆ 株価と貸借対照表をつなぐ PBR

　PER は損益計算書の当期純利益と株価の関係を表わした指標であるのに対し、PBR は株価と貸借対照表をつなぐ指標です。PBR は株価を BPS（1 株当たり純資産）で割って算出します（**図表 8-39**）。

　BPS は日本語では「1 株当たり "純資産"」という名称になっていますが、貸借対照表の純資産を発行済み株式数で割ったものではありません。ここでもベースは純資産のうちの自己資本（株主資本と評価・換算差額等を合計したもの）になります。ただ、BPS の場合、分母が普通株の発行済み株式数になることから、分子も自己資本から優先株などを控除します。余り厳密に定義しても煩雑になるだけですから、本書では BPS はおおよそ自己資本を発行済み株式数で割ったものと理解しておいてください。

図表 8-39　BPS と PBR の算定

$$BPS（1 株当たり純資産）= \frac{自己資本}{発行済み株式数}（倍）$$

$$PBR（株価純資産倍率）= \frac{株価}{BPS} = \frac{株価 \times 発行済み株式数}{自己資本} = \frac{株式時価総額}{自己資本}$$

◆ 会社解散価値と株価

　仮に会社を解散するとすれば、資産を売却し現金に換え、その現金で負債を返済した残りが株主に返還できる残余財産となります。資産が貸借対照表に計上されている価額どおりで売却でき、負債も貸借対照表に載っているもの以外にないとすると、残余財産は貸借対照表の自己資本がそのまま残ります。株主はその残余財産を所有株式数で案分して受け取ることになります。したがって、自己資本を発行済み株式数で割った BPS は、会社の帳簿上の 1 株当たりの解散価値を表わしていると考えることができます。

　一方、株価は株式の市場評価です。株価は将来、会社がどれだけ利益を

生むのかということを予想して評価されます。通常は、会社が解散し資産を売却して残余財産の分配を受けることなど想定していません。会社は将来永続的に活動して利益を生むことを前提としています。解散価値であるBPS より、将来収益予想に基づいて評価される株価のほうが高くなるのが当然です。もし、株価のほうが低くなるとしたら、事業を継続するより事業をやめて解散したほうが株主にとって有利だからです。

◆ PBR1 倍の意味

　PBR は株価と帳簿上の解散価値である BPS の相関関係を示したものです。前述した PER の場合は、PER 何倍なら買いとか売りという絶対的水準というものはなく、銘柄間比較のような相対的指標として意味がある、という説明をしました。これに対し、PBR の場合は、PER と同様に相対比較指標としても当然有用ですが、PBR そのものの絶対数値にも意味があります。つまり、PBR1 倍は株価が帳簿上の解散価値と同じということですから、PBR1 倍は株価の 1 つの下値抵抗線と考えることができるのです。

◆ 自己資本と株式時価総額

　BPS は自己資本÷発行済み株式数ですから、PBR 算定式は図表 8-39 にあるように書き換えることができます。最初の PBR 算定式は株式 1 株当たりの関係式ですが、（株式時価総額÷自己資本）は会社全体で見たときの PBR 算定式になります。

　図表 8-40 を見て分かるとおり、PBR が 1 倍を割れるということは、帳簿上の自己資本より市場で評価される株式時価総額のほうが低いことを意味しています。つまり、現在ついている株価で全株式を取得でき、帳簿価額どおりに資産や負債を処分できれば、株主は確実に利益を得られることになります。

図表 8-40　自己資本と PBR…株式時価総額は自己資本に対する市場の評価

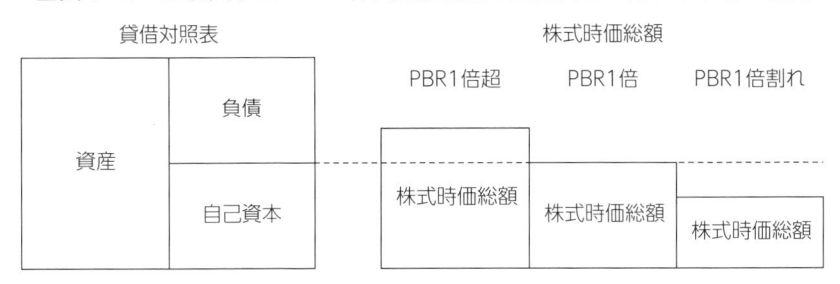

◆ PBR1 倍割れの株式は即買いでいいのか

　PBR1 倍割れが株価の下値抵抗線と考えることができれば、1 倍を割れたら株式を買えば儲かりそうですが、必ずしもそうとはいい切れません。

　まず、本当の自己資本が帳簿価額どおりにはない可能性があります。資産の含み損がある場合です。最近は金融商品の時価会計や減損会計の導入により、以前に比べれば潜在損失は実現していて含み損は少なくなっています。しかし、それでも減損会計は損失が相当程度拡大しないと計上されませんし、業績不振企業では不良債権に十分な貸倒引当金を積んでいないケースもあります。そのときは実質的な自己資本は帳簿上の自己資本を下回りますから、本当の PBR は 1 倍を下回っていないのかもしれません。

　次に、自己資本が実質も帳簿上も変わらず、PBR が 1 倍を下回っている株式を購入すれば必ず得をするかというと、そういうものではありません。その場合、理論上は株式をその株価で全部購入して会社を解散すれば、儲かることになります。しかし、全株式を現在の株価で購入できる保証はありません。安定株主がいれば株式を売らないかもしれませんし、取得できるにしても購入が進むにつれて株価は上昇していくでしょう。

　また、たとえ株式を購入できたとしても、その会社には従業員をはじめとした多くのステークホルダー（利害関係者）がいるのですから、会社を解散して資産を売り払うことが簡単にできるわけではありません。当面は会社の営業を継続していくという可能性が高いわけです。

さらに、仮に株式を全部取得した上で、会社を解散して資産を売ることができるとしても、貸借対照表でついている資産価格は、企業が継続しているからこその値段です。もし、解散して資産を売ろうとしても、とてもその値段では売れなくて、かなり低い値段になる可能性があります。このように、会社の資産売却により利益を確保するというのは現実的には難しいといえるでしょう。

　資産に含み損がなくPBRが1倍割れしているのは、会社の経営陣が現在所有している資産を収益活動に有効に使っていないと株式市場が評価していることになります。したがって、その原因を正確に把握して、有効な打開策を打てれば利益は好転し株価も上昇していくでしょう。投資をする際には、そうした会社かどうかを見極めることが重要になります。

おわりに

　企業の信用分析といえば、以前はもっぱら決算書を手作業で読み解くものが主流でした。ですから、決算書知識はビジネスパースンに不可欠な素養として位置付けられていました。しかし、現在は、AI（人工知能）の発達や、データ処理の高度化により、信用分析の手法もかなり変わってきています。わざわざ人間が決算書を直接見なくても、日々の決済記録や商品の売上記録、返品状況といった数値をコンピュータで分析すれば、信用分析の結果がたちどころにはじき出される時代となったからです。だからといって、決算書の知識が不要だ、などと考えるのは大間違いです。

　なぜなら、どんなにコンピュータが発達しデータ処理を機械化したとしても、企業の信用分析の基本的考え方は決算書がベースとなっているからです。決算書は複式簿記によって作成されますが、その複式簿記は５００年以上の歴史を持ち、企業内容を表現するものとして精緻化されてきました。その基本は揺るぎません。コンピュータの発達は、人間の関与を大幅に削減して、最終結果を迅速化したに過ぎません。コンピュータの出した数値結果の真の意味を読み取るためには、依然として複式簿記に基づいた決算書の知識が不可欠なのです。

　また、次のようにいうこともできます。決算書分析を手作業でやっていた昔は、そうした作業を地道に行うことで、決算書の知識を自然と身に着けることができました。しかし、コンピュータの発達は作業の省力化には成功しましたが、決算書の知識を自然体で修得させるという機会をも喪失させることになってしまいました。だから、決算書の知識は自ら主体的に学ばなければならなくなった時代だともいえるのです。

　本書は、そうしてニーズに応えるため、決算書の本質をつかむことを目的に執筆しました。決算書の初心者を念頭に、会社の成り立ちや単式簿記

から出発し、最後は連結財務諸表や上場企業の決算分析までかなり高度な領域までも含んでいます。初心者でも徐々に決算書の理解が進むように構成したつもりですが、どうだったでしょうか。理解できないという点がありましたら、もう一度読み直して頂ければと思います。

　本書を読み終わることにより、読者の皆様が、それまで無味乾燥に見えていた決算書の数値が、よりリアルに会社の実態を表現するものとして感じるようになっていただければこれに優る喜びはありません。

　本書は株式会社東京商工リサーチ発行の「TSR 情報」に連載した「決算書の本質に迫る」シリーズをベースに加筆、修正したものです。書籍出版にあたり、株式会社東京商工リサーチ様のご協力に深く感謝いたします。
　本書の執筆、発行に際しては、産業能率大学出版部の坂本清隆氏の特段のご支援を頂きました。厚く御礼を申し上げます。

■ プロフィール ■

井口　秀昭（公認会計士）

1956年長野県生まれ。1980年東京大学経済学部卒業。農林中央金庫、八十二銀行、タクトコンサルティングを経て、現在、あがたグローバル税理士法人所属。

著書：「決算書のツボ」（税務研究会）、「『会社四季報』で学ぶ株式投資のための会計入門」（東洋経済新報社）、「決算書『超』読解法」（東洋経済新報社）「事例に学ぶ決算分析の勘所」（金融財政事情研究会）他多数。

決算書 パーフェクトマスター
決算書のすべてがこの一冊でわかる　　　　　　　　　　　　　〈検印廃止〉

著　者	井口　秀昭
発行者	杉浦　斉
発行所	産業能率大学出版部
	東京都世田谷区等々力6-39-15　〒158-8630
	（電　話）03（6432）2536
	（FAX）03（6432）2537
	（振替口座）00100-2-112912

2019年11月29日　初版1刷発行

印刷所・制本所／渡辺印刷

（落丁・乱丁はお取り替えいたします）　　　　　　ISBN 978-4-382-05779-1
無断転載禁止